これだけ知っていれば大丈夫！

相続・贈与
知らないと損する得ガイド

改訂
4版

税理士
弓家田 良彦
Yugeta Yoshihiko

アニモ出版

相続の本は誰もが読んでおくべき時代です！

　平成27年1月1日以降に死亡した方から、いよいよ相続税の増税が始まりました。

　世間では、「相続増税」「相続税が大変なことになる」などといった調子で、相続税の改正による不安をあおる論調がもっぱらですが、きちんと相続税のしくみを理解して、適切な対策を組めば、今回の増税はそんなに大変なものではありませんし、そもそも相続税の申告・納税が必要な方は、今回の改正後においても全国平均で亡くなられた方の1割にも満たないのです。

　本書は、「相続税」が課税される人だけを対象に書いたものではなく、誰にでも起こる相続という問題に対し、**いかにモメずに遺産分割を行なうか**ということを主眼に書いています。

　相続対策というと、いかに相続税を安くするかということに目がいきがちですが、最も大事なことは、**仲よく遺産分割協議を終えて親子兄弟が仲よく暮らしていくこと**だろうと思います。

　私の事務所に相談にこられる方たちには、「相続対策とは、①争族対策、②納税対策、③節税対策の3つがあり、対策を考える場合もこの順番で考えなければならないし、いちばん大事なことは、ふた親が死亡した後の最終形をどうするか、ということを決めることです」ということをお話しするようにしています。

　そのため本書では、節税と遺産をめぐる争いの両面から見た、遺言の考え方や遺言書の作成のしかたといったことにも力を入れて執筆しました。

　残された遺族の争いのことばかりを強調しているようですが、本書では、相続税と贈与税のしくみをわかりやすく記述するとともに、

世の中で節税対策といわれるものについては、その対策のメリットとデメリットの両方の側面を解説するように心がけました。

　また、節税になると信じて、いろいろな対策を行なっていても、その考え方、やり方の基本が間違っていれば、せっかくコツコツ行なってきたものも、いざ相続が発生したときには、"課税当局"に認められないということにもなりかねません。

　本書を活用することで、節税はもちろんのこと、円満な相続を実現するための参考にしていただければ幸いです。

2015年4月　　　　　　　　　　　　　税理士　弓家田良彦

【改訂4版発刊に寄せて】

　本書は、2015年4月に初版を発刊後、2018年からの「小規模宅地の減額特例の要件の厳格化」や「広大地評価の廃止」などの税制改正やその後の状況変化などを織り込んで2018年6月に改訂2版を発刊し、さらに2020年4月からの相続法（民法相続編）の改正による「配偶者居住権の創設」や親が介護施設に入所して「空き家となった実家の売り時の問題」などを織り込んで2021年5月に改訂3版を発刊しました。

　今回、令和5年度の贈与税の改正を踏まえて、近年のさらなる状況変化に対応すべく改訂4版として発刊するものです。

　初版、改訂2版、改訂3版同様、ご愛顧いただければ幸いです。

2023年4月　　　　　　　　　　　　　税理士　弓家田良彦

　本書の内容は、2023年4月20日現在の法令等にもとづいています。

相続・贈与 知らないと損する得ガイド 改訂4版
もくじ

はじめに

1章 「相続」ってなんだろう？

2章 相続税がどのくらいかかるか計算してみよう

3章 相続財産はいくらになるのか

4章 相続税節税の決定版 「小規模宅地の減額特例」とは

5章 贈与税と相続時精算課税制度の しくみを知っておこう

8章 遺産分割の注意点と 遺言書による"争族"防止対策

9章 相続税の申告と納税の上手なすすめ方

CONTENT

カバーデザイン◎水野敬一
本文ＤＴＰ＆図版＆イラスト◎伊藤加寿美（一企画）

1章

「相続」ってなんだろう？

相続できる人は決まっています！

相続ってなぁに？

「うちにはたいした財産はないから、相続なんて関係ない」

そう思っておられる人も多いことでしょう。たしかに〝相続税を払わなければならない〟という観点からみると、2章で説明するとおり、**ある程度以上の遺産がなければ相続税はかからないので**〝相続税〟とは無関係です。

しかし、人が死亡すれば財産の大小はともかくとして、その亡くなった人（**被相続人**といいます）の相続人が、その財産を相続することになるのです。

つまり、相続とは、**人が死亡した瞬間にその人が持っていた一切の財産が相続人に引き継がれることであり、相続人が複数いれば被相続人の財産は相続人の共有財産となる**ことになります。

相続する財産には、プラス財産だけでなくマイナス財産も含まれますので、〝死んだ父親は借金のほうが多いから私には関係ない〟などといって何もしないでいると、父親の借金を引き継ぐことになってしまいます。

このように、相続は亡くなった人のすべての遺族に関係する問題だと認識しなければなりません。

相続人には、血族相続人と配偶者相続人とがある

被相続人（亡くなった人）の財産を相続する人を**相続人**といいます。相続人になれる人は、相続税法ではなく、民法で決められています。これを**法定相続人**といいます。

民法は、相続人になれる人の範囲を、被相続人と血のつながりのある「**血族相続人**」と、妻（夫）である「**配偶者相続人**」との2つ

◎法定相続人の範囲と相続順位◎

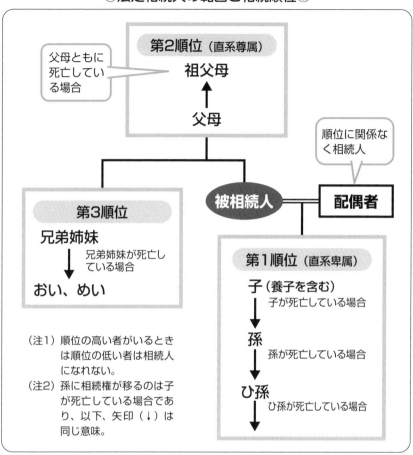

に分けて規定しています。

　血族相続人となれるのは、被相続人の子（**直系卑属**といいます）、
父母（**直系尊属**といいます）、そして兄弟姉妹に限定しています。
ですから、親族といっても被相続人のおじ（叔父・伯父）やおば（叔
母・伯母）、いとこが法定相続人になることはありません。

血族相続人には順番がある

　配偶者は常に相続人となりますが、血族相続人には順位がありま

す。つまり、上の順位の者がいる場合には、下の順位の者は法定相続人の範囲であっても相続することはできません。

血族相続人の順位は、子（直系卑属）が第1順位、父母（直系尊属）が第2順位、兄弟姉妹が第3順位となっています。

養子は子供として第1順位の相続権をもつ

養子は民法上、実子と同じ権利をもちますので、養親に対して子供として第1順位の相続権をもちます。

よく養子に行ったら実父母に対する相続権はなくなってしまうと思っている人がいますが、**養子は養親と実父母の両方の相続権をもつ**ことになります。

親より先に子が死亡していたら孫が相続

親より先に子供が亡くなっていた場合は、その子供の子供すなわち孫が相続人となります。親が祖父母よりも先に亡くなったため孫が相続するケースを**代襲相続**といい、この場合の孫を**代襲相続人**といいます。

被相続人の子が死亡していて、孫が代襲相続した場合、相続の順位は子と同様、第1順位の血族相続人の地位を獲得します。

孫が第1順位ということは、第2順位の直系尊属や第3順位の兄弟姉妹には相続権がまわってこないということです。

代襲相続人の孫も死亡している場合は、その孫の子（被相続人のひ孫）が相続人になります。このように、代襲相続は理論上、無制限に再代襲が続きます。

なお、被相続人に子供がなく、父母（直系尊属）もすでに亡くなっているケースでは、第3順位の兄弟姉妹が相続人になりますが、その本人も死亡している場合、その兄弟姉妹の子（被相続人のおい・めい）が代襲相続人になります。

ただし、孫の代襲相続と違って、おい・めいの子には相続権がなく、代襲相続はおい・めいの段階で打ち切りとなります。

法定相続人はどれくらい財産を相続できるの？

話し合いがこじれたときのための法定相続分

　基本的に、遺産をどのように分けるかは、相続人の自由です。遺言がない場合は、相続人の間で話し合って、どのように遺産を分割するかを決めます。これを**遺産分割協議**といいます。

　相続人の間で話し合いがまとまらないときは、相続が一転して"**争族**"となってしまうわけですが、民法では、遺言による相続分の指定がない場合に備えて、法定相続人の相続分を定めています。これを**法定相続分**といいます。

法定相続分は相続人によって異なる

　法定相続分は、誰が相続人であるかによって違ってきます。相続分を相続順位によってみていくと次のようになります。

　第1順位の場合、**子と配偶者は2分の1ずつ相続**します。配偶者が死亡している場合は、子（養子を含む）がすべて相続します。

　第2順位のケースは、子がいなくて父母（直系尊属）と配偶者で相続する場合ですが、この場合は**配偶者が3分の2、父母が3分の1**となります。配偶者がいないと、父母が全部相続します。

　第3順位のケースは、子も親もいなくて、兄弟姉妹と配偶者が相続する場合ですが、この場合は**配偶者が4分の3、兄弟姉妹が4分の1**となります。配偶者がいないときは兄弟姉妹がすべてを相続します。

　なお、次ページ図のように、子や親、兄弟姉妹が**複数いる場合**は、**相続分を人数で等分**します。

　ただし、兄弟姉妹でも半血兄弟姉妹（父母の一方だけが同じである腹違い・父違いの兄弟姉妹）の場合は、父母ともに同じ兄弟姉妹

◎法定相続人の法定相続分の計算例◎

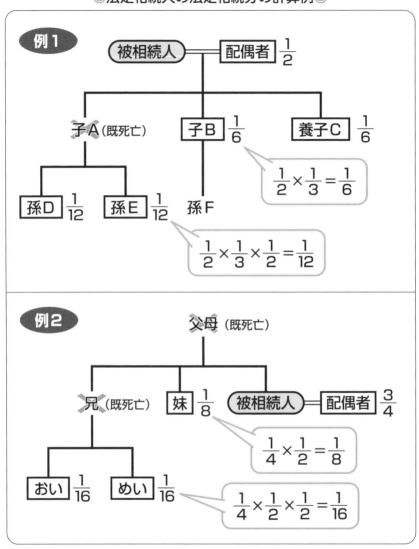

の2分の1と定められています。

　以上を原則として、あとは実際の相続人の顔ぶれによってさまざまな変化が生じます。特に、上図のように代襲相続人がいる場合は注意が必要です。

遺言で遺産を独り占めするなんて許されるの？

👴 遺言は法定相続に優先する

　自分の財産をどのように分配するか、それを自由に決められるのが**遺言**（「いごん」または「ゆいごん」）です。また、遺言には死後に紛争のタネを残さないという大きなメリットがあります。

　家は長男に相続させるとか、親不孝な次男には財産を与えないとか、被相続人の遺志を反映した遺産分けが実現できるのです。

　遺言は、被相続人が自由に決められるわけですから、愛人に財産を相続させるといったように法定相続人以外の者に財産を相続させることもできるわけです。

　つまり、遺言がある場合にはまず遺言が優先され、遺言がない場合には、①相続人の間で財産をどのように分けるかの"遺産分割協議"が行なわれ、相続人の間の話し合いによって誰がどのように相続するかを決め、②話し合いが決裂したら、法定相続分にもとづいて調停や裁判が行なわれるということになります（遺言については8章で詳しく解説していますのでそちらをご覧ください）。

👵 相続人を保護してくれる遺留分

　自分の財産を誰に相続させようとそれは所有者である被相続人の勝手であり、それを自由に決められるように遺言という制度があります。

　しかし、たとえば遺言に「全財産を愛人Aに相続させる」と書かれていた場合には、残された遺族は何も相続できないことになってしまいます。遺族以外の赤の他人に財産を相続させるという遺言は少ないとは思いますが、「全財産を長男に相続させる」といった遺言は決して少なくありません。

被相続人は、遺言によって自分の財産を自由に分け与えることができますが、無制限に自由にすると、残された遺族の生活を保障できない等の理由により、民法では一定範囲の相続人に対して最低限もらえる財産を保障しています。これを「遺留分の制度」といいます。

　たとえ遺言で、「財産はすべて長男に与える」と書かれていても、これで一安心というわけです。

　ただし、何もしなければ遺言はそのまま有効になります。長男が全財産を相続するような遺言が書かれていたならば、長男以外の相続人は長男に対して「**遺留分侵害額請求**」を行なわなければならず、**この遺留分侵害額請求を行なって初めて自分の遺留分に相当する財産を長男から取り戻す**ことができるのです。

　なお、遺留分侵害額請求は、**被相続人の死亡を知り、自分の遺留分を侵害されている遺言の存在を知った日から１年以内**に行なわなければ、遺留分を取り戻すことはできなくなります。

遺留分は誰にどのくらいの割合で認められるのか

　遺留分は、配偶者と子（直系卑属）、父母（直系尊属）に限られ、**兄弟姉妹には遺留分はありません**。

　遺留分の割合は、法定相続分の半分と思っておけばいいでしょう。

親の面倒を見てきたのに何で皆と同じなの？

財産形成に貢献した人にプラスされるのが寄与分

よく「親の面倒を見てきたのだから、他の子供よりも財産を多く相続する権利があるはずだ」といった主張をされる人がいます。

民法では、被相続人の財産の形成や増加、維持などに特別の貢献があった相続人には、その貢献の度合いを「寄与分」として**法定相続分に上乗せ**して、貢献に報いることを定めています。

ただし、寄与分が認められるのは被相続人の財産の形成や増加、維持などに特別な貢献があった場合とされていますので、「親の家業を無償で手伝う」「寝たきりの親の看護を1人で続けたため、付添い人を雇わずにすんだ」といった具体的に貢献した事実がなければならず、単に親と同居していたとか親の世話をしたといったことでは、寄与分は認められません。

寄与分は相続人にしか認められていませんでしたが、民法の改正により令和元年7月1日以降の相続から、相続人以外の親族（6親等内の血族および3親等内の姻族）が、被相続人の財産の維持増加に特別の貢献をしたと認められるような場合は「**特別寄与者**」として、相続人に対して特別寄与料を請求できることとなりました。

たとえば、長男のお嫁さんが被相続人である義母の療養介護を無償で行なったため、ヘルパーを頼んだり施設に入ることなく過ごせたのでその分、お金が残ったというようなケースが考えられますが、この場合はお嫁さんの無償の労働力を金銭に換算して特別寄与料として相続人に対して請求できると考えればいいでしょう。

生前に贈与を受けている場合には相続分が減る!?

故人となった被相続人から生前に特別な財産的利益を受けた相続

◎寄与分が認められた場合の各相続人の相続できる金額◎

> **例** 被相続人の遺産3億円、相続人は子A、子B、子Cの3人、子Aに寄与分3,000万円が認められた。
>
> ①まずは寄与分を控除した遺産を各相続人の法定相続分で分ける
>
> $$3億円 - 3,000万円（子Aの寄与分）= 2億7,000万円$$
>
> ・子A　　2億7,000万円 $\times \frac{1}{3}$ = 9,000万円
>
> ・子B　　2億7,000万円 $\times \frac{1}{3}$ = 9,000万円
>
> ・子C　　2億7,000万円 $\times \frac{1}{3}$ = 9,000万円
>
>
>
> ②寄与分3,000万円を子Aに加算して、各相続人が相続できる金額を求める
>
> ・子A　9,000万円 + 3,000万円（寄与分）= 1億2,000万円
>
> ・子B　　　　　　　　　　　　　　　= 　9,000万円
>
> ・子C　　　　　　　　　　　　　　　= 　9,000万円
>
> 　　　　　　　　　　　　　合計　3億円

人を「**特別受益者**」といいます。事業の開業資金やマイホーム購入の頭金などが特別な財産的利益（**特別受益分**）にあたります。

　特別受益分は、たとえば、長男が被相続人の生前に多額の贈与を受けているのに、相続の際には子供の権利は平等だとすると、相続人の間に不公平が生じるということから、寄与分とは逆の意味で設けられているものです。

　したがって、長男が生前に6,000万円の贈与を受けていたとしたら、被相続人の遺産に6,000万円を加算したところで各相続人の法定相続分を計算し、その法定相続分から生前に贈与を受けた6,000万円を控除した金額が長男の取り分となるわけです。

◎特別受益分が認定された場合の各相続人の相続できる金額◎

例 被相続人の遺産3億円、相続人は子A、子B、子Cの3人、子Aに特別受益分が6,000万円あったと認定された。

①まずは遺産に特別受益分を加算して、各相続人の法定相続分で分ける

$$3億円＋6,000万円＝3億6,000万円$$

- ・子A　3億6,000万円×$\frac{1}{3}$＝1億2,000万円
- ・子B　3億6,000万円×$\frac{1}{3}$＝1億2,000万円
- ・子C　3億6,000万円×$\frac{1}{3}$＝1億2,000万円

②特別受益分6,000万円を子Aから控除して、各相続人が相続できる金額を求める

- ・子A　1億2,000万円－6,000万円(特別受益分)＝　　6,000万円
- ・子B　　　　　　　　　　　　　　　　　　　＝1億2,000万円
- ・子C　　　　　　　　　　　　　　　　　　　＝1億2,000万円

合計　3億円

寄与分も特別受益分もモメたときに問題になる

　遺産をどのように分けるかは、相続人の話し合いで決まります。

　遺産をすべて長男が相続するということで相続人全員が合意して、分割協議が成立すればそれが有効となります。

　つまり、遺産をどのように分けるかは相続人の自由なので、円満に話し合いで合意すれば、「法定相続分」も「寄与分」も「特別受益分」もまったく気にする必要がないわけです。

　したがって、法定相続分、寄与分、特別受益分が問題となるのは話し合いがこじれて分割協議がまとまらないときであるといえます。

借金のほうが財産より多そうなときはどうすればいい？

相続とはプラス財産もマイナス財産も引き継ぐこと

　相続とは原則として、被相続人の一切の権利・義務を受け継ぐことですから、借金などの負債があれば当然それも含まれます。相続して負債のほうが多ければ、相続人自身の財産でそれを返済しなければなりません。

相続放棄をすれば最初から相続人ではなかったことに！

　借金のほうが財産より多い場合には、相続の放棄（ほうき）をしなければ自分の財産で親の借金を弁済していくことになってしまいます。

　相続の放棄を行なうには、**相続の開始を知ったとき（通常は死亡日）から3か月以内に家庭裁判所で手続きをする**必要があります。

　「相続放棄」は黙っていると受けられませんので、借金が多いことがわかっていれば、"3か月以内"に行動に移さなければ手遅れとなってしまいます。

　なお、相続放棄は被相続人の生前にはできませんし、生前の契約も無効ですのでご注意ください。

条件付で相続するのが「限定承認」

　プラスの財産とマイナスの財産のどちらが多いか不安だというときに選択できるのが「**限定承認**」です。限定承認を選択すると、相続財産の範囲内で被相続人の債務を負担すればよいので、仮にマイナス財産のほうが多かった場合は、**プラス財産の範囲内で負担**すればよいということになります。

　ただし、限定承認は**共同相続人が全員一致して家庭裁判所に申述**しなければなりませんのでご注意ください。

2章

相続税がどのくらいかかるか計算してみよう

2-1

相続税の計算のしくみは
どうなっているのか？

亡くなった人の課税価格（正味財産）はいくらか

　「父親が死亡しまして、私は100坪の土地を相続する予定なのですが、知り合いの不動産屋に相場を聞いたら、『時価相場は１億円ぐらいだと思いますよ。でも相続税が大変じゃないですか？』といわれました。いったい、いくらぐらいの相続税がかかるのでしょうか？」といった質問を受けることがあります。

　相続税の計算は、遺産を相続した人ごとに計算するのではなく、亡くなった人（被相続人）が残した**遺産全体に対していくらの相続税が課税されるかを計算**するしくみになっていますので“自分が相続した遺産だけ”では、自分が支払うべき相続税を計算することはできません。

　相続税の基本的な計算方法は、①「課税価格」の計算、②「相続税の総額」の計算、③相続人それぞれが納める「相続税額」の計算、という３段階からなっています。

◎課税価格を求める算式◎

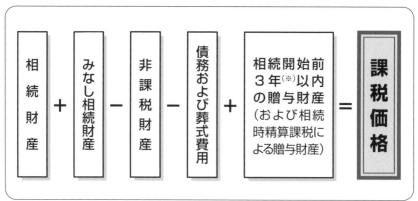

相続財産　＋　みなし相続財産　－　非課税財産　－　債務および葬式費用　＋　相続開始前３年(※)以内の贈与財産（および相続時精算課税による贈与財産）　＝　課税価格

（※）令和６年の贈与より段階的に７年に延長（34ページ参照）。

第1ステップの「課税価格」の計算は、前ページの算式で求めますが、ごく大ざっぱにいえば、**プラス財産からマイナス財産（借金）を差し引いた正味財産が課税価格**ということになります。

みなし相続財産とは

法律的には、相続や遺贈（遺言）で手に入れたものではないけれども、実質的には相続で手に入れたものと同じとみなして相続税が課税されるものがあります。これを「みなし相続財産」といっています。

「生命保険金は相続財産とみなす」というのが代表的な例ですが、そのほかにも死亡退職金などが、みなし相続財産にあたります。

生命保険金、死亡退職金には非課税枠がある

生命保険は、残された遺族の生活の支えになるようにと加入しているのが一般的です。この点を考慮して、相続税法では生命保険金のうち一定金額を非課税としています。非課税限度額は、次の算式で求めます。

500万円 × 法定相続人の数 ＝ 非課税限度額

また、会社に在職中に亡くなった場合に、遺族に支払われる死亡退職金も同じ算式で、非課税限度額を求めます

なお、生命保険金は、契約者、被保険者、受取人が誰かによって課税される税金が異なります。詳しくは7章、154ページを参照してください。

お墓や仏壇は非課税

死亡保険金や死亡退職金は一定金額までは非課税となっていますが、そのほかにも非課税となる財産があり、代表的なものは墓地や仏壇などの**祭祀用財産**です。

先祖を祭る祭具などの受け継ぎ方について、民法は特別な規定を定め、慣習にしたがって、先祖の祭祀を主催する人が受け継ぐとされています。

　相続税法では、この民法の規定を受けて、墓地や霊廟、墓石のほか礼拝用に日常使用されている仏壇や仏具、位牌や神棚などを相続税の課税対象からはずしています。

　このように、祭祀用財産は原則として非課税となっていますから、たとえ数千万円の価値のある墓地や仏具であっても、基本的には相続税が課税されることはないわけです。しかし、このように説明すると"純金製の仏像を購入して仏壇に飾っておけば、相続税は非課税となるわけですね！"と考える人がいます。

　墓地や仏壇、仏具といった祭祀用財産が非課税とされているのは、国民感情等を考慮して非課税としているのであって、「投資用の美術品・骨董品」の類を非課税とするための規定ではありません。

　したがって、美術品や骨董品として高額な価値のある仏像などを**投資の目的で所有していると判断された場合は、祭祀用財産とは認められず、相続税が課税される**ことになるのでご注意ください。

正味財産は借金や葬式代を控除して計算する

借金は相続財産からマイナスされる

　最終的に相続税が課税されるのは「正味財産」に対してです。つまり、プラスの財産がたとえ10億円あったとしても、それを上回る借金があれば、遺族は借金を返すと何も残らないということになってしまいます。

　したがって、相続税の対象になるのは当然、プラス財産からマイナス財産である借金などの債務を控除した後の財産ということになります。

　控除される債務の代表的なものとしては、金融機関からの借入金、クレジットカードの未決済分、相続開始後に支払った医療費や入院費、また、事業や商売をしていた人の買掛金や支払手形などがあげられます。

　そのほか、被相続人が税金を支払わずに死亡した場合は、その税金は相続人が負担することになるので、債務として控除します。

　たとえば固定資産税は、毎年1月1日現在で固定資産を所有していた人に課税されます。固定資産税の納税通知書は4月頃に郵送されてきますので、被相続人の死亡が3月といった場合には、被相続人はまったく固定資産税を納めずに死亡したことになります。そこで、納税通知書記載の全額を相続人が納めるとともに、被相続人の債務として相続財産から控除することになります。

　また、固定資産税は一括納付でも年4回（4月、7月、12月、2月）に分けて納税してもどちらでもよいので、4回分割払いを選択していた場合の未納の税額は相続人が納めるとともに、当然、被相続人の債務として債務控除をすることになります。住民税や個人事業の事業税なども同様の扱いとなります。

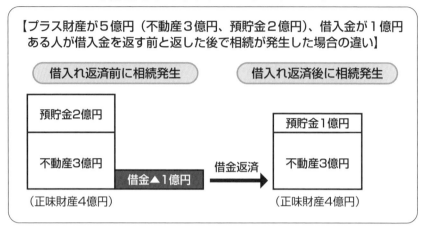

◎借金をしてもトクにはならない！◎

【プラス財産が5億円（不動産3億円、預貯金2億円）、借入金が1億円
ある人が借入金を返す前と返した後で相続が発生した場合の違い】

借入れ返済前に相続発生　　　　借入れ返済後に相続発生

預貯金2億円

不動産3億円

借金▲1億円

（正味財産4億円）

借金返済

預貯金1億円

不動産3億円

（正味財産4億円）

　なお、借金がある状態で相続が発生した場合と、借入金返済後に相続が発生した場合とも正味財産は同じになります。上図を参照してください。

墓地や仏壇の未払い代金は債務控除の対象とはならない

　債務のなかで注意しなければならないのが、**非課税財産を購入したときの未払い代金**です。

　たとえば、生前に300万円で墓地を買って、代金を支払う前に被相続人が死亡した場合には、相続人が300万円を支払わなければならないわけですから当然"債務"ということになります。

　しかし、墓地は非課税財産なので、その非課税財産に対応する未払い代金は債務控除の対象とはならないことになっています。

　また、被相続人が借金の保証人になっていた場合の保証債務は、返済義務が発生したわけではありませんので、債務控除の対象にはなりません。

葬式費用も債務控除できる

　相続が行なわれた場合、葬式にかかった費用も「債務控除」とし

て相続財産から差し引かれます。

　それでは、どこまでが葬式費用として控除できるのでしょうか？

　具体的には、お寺などへの支払い、葬儀社、タクシー会社などへの支払い、そしてお通夜に要した費用、埋葬費、火葬費などが控除の対象になります。通常の葬儀の前後に行なわれることは、すべて認められると考えていいでしょう。

　これらの支払いには、**できるだけ領収書をもらうべき**ですが、戒名・読経料などのお寺への支払いや近所の人へ手伝ってもらったお礼をしたりといったケースでは、領収書がもらえなかったり、もらいづらい場合があります。

　このような場合には、費用の出納録などで、いつ、誰に、いくら支払ったということがわかるようにしておけば通常、控除することは認められます。

香典返しや初七日法要の費用は葬式費用に該当しない

　葬式に関わる費用だと思っていても、葬式費用として相続財産から控除されないものもいくつかあります。

　墓地や仏壇の購入費用や香典返しの費用は控除できない代表的なものです。

　香典返しは、葬式を出したときに必要不可欠なものですから、その費用も控除していいように思いますが、もらった香典には税金が課税されないことになっていますので、香典収入に課税しない代わりに、香典返しとして支出した費用は葬式代として債務控除はしないというわけです。

　また、初七日や四十九日の法要に要した費用も、葬式費用とは切り離され、控除の対象とはなりません。

2-3

贈与でもらったものも
相続税の対象になる？

 ## 相続開始前３年以内の贈与は加算される

　相続や遺贈（遺言による相続）によって財産を受け継いだ人が、被相続人から**相続開始前３年以内に財産の贈与を受けていた場合**には、その贈与財産の価額は相続税の課税価格に加算されることになっています。

　つまり、贈与してしまえば被相続人の財産ではないのに、下図にあるように、被相続人の財産にプラスして相続税の対象にするといっているわけです。

◎「生前贈与加算」のしくみ◎

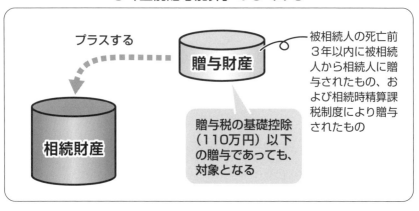

　"なんで贈与してなくなったものまで相続税の対象にされるのか"非常に不合理な気がします。では、なぜこのような加算制度があるのでしょうか？

　人の心理としては、遺産に相続税がかかるなら、生きているうちに財産を子や孫に分けてしまえば相続税が安くなると考えたくなり

ます。

　生前にどんどん贈与が行なわれてしまうと、相続税が課税できなくなるため、"生前にいくら贈与しても相続が発生したときには、その贈与した財産を相続財産に合算して贈与した財産も含めて相続税の対象にしたい"というのが相続税法の本音なのです。

　しかし、過去に贈与した分を全部捕捉しようとしても物理的にむずかしいため、"相続開始前３年以内に相続人に対して行なった贈与財産"のみを相続税の対象にすることとし、それより前の贈与財産は加算しないかわりに、贈与税の税率をできるだけ高くすることで、贈与をしづらい環境をつくっているわけです。このため、贈与税は**相続税の補完税**といわれています。

　この３年以内の贈与財産の加算規定は、「相続人」に対してのみ適用される規定ですから、**相続人ではない孫や嫁、婿などに贈与していた分は関係ありません。**

　また、平成15年より通常の**暦年課税の贈与**（一般贈与）のほかに、相続財産の前渡しである**相続時精算課税制度**（令和６年より改正あり。110〜114ページ参照）ができたため、贈与の体系は２系統になっています。

　相続時精算課税制度は、贈与した時点では贈与税は課税しないで、相続が発生したときに相続財産に加算して相続税を課税しようというものですから、相続時精算課税制度の適用を受けていた財産はすべて相続財産に加算して相続税の対象にしなければなりません。

相続時ではなく、贈与時の価額で加算する

　生前贈与の加算規定では、相続の開始前３年以内の贈与財産を相続財産に加算（相続時精算課税を選択した場合はその選択のときからの贈与財産を加算）するとしています。

　ここで加算される価額は、贈与があったときの価額がそのまま加算されます。たとえば、贈与時に1,000万円の評価額の土地は、相続時に500万円に値下がりしようが2,000万円に値上がりしようが、

原則として贈与時のままの1,000万円で加算されます。

生前贈与加算は段階的に３年から７年に延長

　相続や遺贈によって財産を受け継いだ人が、被相続人から**相続開始前３年以内に財産の贈与を受けていた場合**には、その財産の価額が相続財産に加算されるわけですが、**令和６年１月１日以降に受けた贈与からは３年が７年に延長**されることになりました。

　ただし、相続財産に加算されるのは、あくまでも相続または遺贈によって財産を取得した人だけですから、遺言によって財産を取得しない限り、**相続人ではない孫や嫁、婿などへの贈与には加算規定は適用されません。**

　これは、令和５年の税制改正によって改正されたものですが、下図のとおり段階的に引き上げられることになっており、令和９年１月１日以降の相続から段階的に引き上げられ、早ければ令和12年中の相続から最長７年間さかのぼり、令和６年の贈与日との関係で考えると、完全に７年間さかのぼって加算されるのは令和13年１月１日以降に発生した相続からということになります。

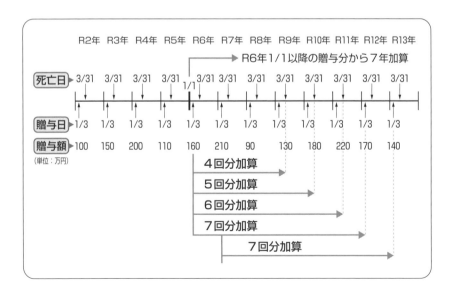

また、延長される4年間に受けた贈与については、4年間の総額で100万円までは加算しないことにされています。

【例題】

　父A氏が長男B氏に、前ページ図のように毎年1月3日に生前贈与を行なっていた場合の、令和5年から令和13年までに父A氏が死亡した場合の生前贈与加算はどうなるでしょうか？

　なお、父親の死亡日は常に3月31日とします（年間110万円を超える贈与については贈与税の申告納税をしているものとする）。

　各年の父親の死亡日の場合の生前贈与加算額は以下のとおりです（R＝令和）。

① R5年3月31日死亡の場合（3年以内贈与はR2年3/31からR5年3/30までの贈与）

　　150＋200＋110＝460万円

② R6年3月31日死亡の場合（3年以内贈与はR3年3/31からR6年3/30までの贈与）

　　200＋110＋160＝470万円

③ R7年3月31日死亡の場合（3年以内贈与はR4年3/31からR7年3/30までの贈与）

　　110＋160＋210＝480万円

④ R8年3月31日死亡の場合（3年以内贈与はR5年3/31からR8年3/30までの贈与）

　　160＋210＋90＝460万円

⑤ R9年3月31日死亡の場合（4年以内贈与はR6年1/1からR9年3/30までの贈与）

　　＜ここから改正が適用。令和6年1/1以降の7年加算が適用されると4年分加算＞

　　（160－100）＋210＋90＋130＝490万円

⑥R10年３月31日死亡の場合（５年以内贈与はR６年1/1からR10年3/30までの贈与）

＜令和６年1/1以降の７年加算が適用されると５年分加算＞

（160＋210－100）＋90＋130＋180＝670万円

⑦R11年３月31日死亡の場合（６年以内贈与はR６年1/1からR11年3/30までの贈与）

＜令和６年1/1以降の７年加算が適用されると６年分加算＞

（160＋210＋90－100）＋130＋180＋220＝890万円

⑧R12年３月31日死亡の場合（７年以内贈与はR６年1/1からR12年3/30までの贈与）

＜令和６年1/1以降の７年加算が適用されると７年分加算＞

（160＋210＋90＋130－100）＋180＋220＋170＝1,060万円

⑨R13年３月31日死亡の場合（７年以内贈与はR６年3/31からR13年3/30までの贈与）

＜令和６年1/1以降の７年加算が適用されると７年分加算＞

（210＋90＋130＋180－100）＋220＋170＋140＝1,040万円

2-4 まずは遺族全員の相続税を 計算します

 例題にしたがって相続税の計算をしてみましょう

【親族の関係図】

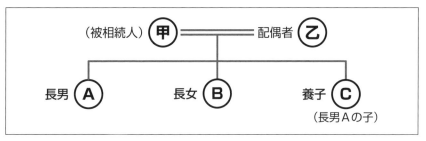

【被相続人甲の遺産】

被相続人甲の遺産	相続税評価額
自宅およびその敷地	1億円
アパートおよびその敷地	2億円
駐車場	1億5,000万円
預貯金	3,000万円
有価証券	4,000万円
死亡保険金（非課税額控除後）	3,000万円
借入金	△1億円
合計（課税価格）	4億5,000万円

 「基礎控除額」を計算しましょう

　人が死亡すれば必ず相続税が課税されるわけではなく、遺産の金額が一定の金額以下であれば相続税は課税されません。この一定の金額のことを「基礎控除額」といい、**課税価格から基礎控除額を差し引いた残額に対して相続税が課税**されます。

　この基礎控除額が、平成27年から引き下げられたため相続税が増

税となり、いままで相続税が課税されなかった人でも相続税が課税されるケースが増加しています。

基礎控除額を求める算式は、次のとおりです。

3,000万円 ＋ 600万円 × 法定相続人の数 ＝ 基礎控除額

例題の場合の基礎控除額は、次のように計算されます。
「3,000万円＋600万円×４人＝5,400万円」

わが家全体の相続税額を計算しましょう（ステップ１）

相続税の計算は、まず"わが家全体の相続税はいくらになるか"という計算を行ないます。このわが家全体の相続税額を「**相続税の総額**」といいますが、相続税の総額は実際に誰がいくら相続したかにかかわらず課税遺産総額（課税価格の合計額から基礎控除額を差し引いて残った額）から、まずいったん法定相続人が法定相続分に応じて遺産を相続したものと仮定して、各法定相続人の相続税額（仮の税額）を計算して、その各法定相続人の相続税額（仮の税額）を合計したものが「相続税の総額」となります。

【相続税の総額の計算のしかた】

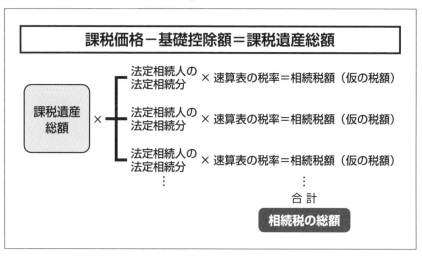

【相続税の速算表】

法定相続人の取得金額 （法定相続分）		税　率	控除額
	1,000万円以下	10%	———
1,000万円超　～	3,000万円以下	15%	50万円
3,000万円超　～	5,000万円以下	20%	200万円
5,000万円超　～	1億円以下	30%	700万円
1億円超　～	2億円以下	40%	1,700万円
2億円超　～	3億円以下	45%	2,700万円
3億円超　～	6億円以下	50%	4,200万円
6億円超		55%	7,200万円

【例題による課税遺産総額の計算】

（課税価格）		（基礎控除額）		（課税遺産総額）
4億5,000万円	−	5,400万円	=	3億9,600万円

【例題のケースの相続税の総額】

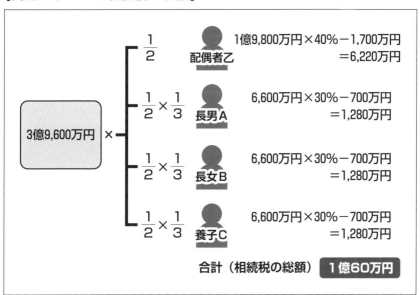

2-5

自分が支払う相続税はいくらになるか？

 実際の相続割合で各人の負担税額が決まる（ステップ２）

　相続税の計算は、まず"わが家全体の相続税はいくらになるか"という相続税の総額を計算しましたが、それでは相続人それぞれが負担する相続税はどのようになるのでしょうか？

　「相続税の総額」は、**各法定相続人が法定相続分どおりに遺産を相続したと仮定した場合**における各相続人の相続税額を合計したものであり、被相続人が死亡したことにより**残された遺族が全体としていくらの相続税を支払うか**を計算したものです。

　実際の相続においては、法定相続分どおりに遺産分割が行なわれていないケースも多くあり、通常は相続人全員で協議のうえ、誰が何を相続するのかを決定します。

　また、遺言があるケースなどでは、法定相続人ではない人が遺贈により財産を取得する場合もありますが、この場合も課税される税金は相続税です。

　遺産を相続した人（遺言により法定相続人以外の者が相続した場合を含みます）が実際に負担する相続税は、**実際に自分が相続した割合に応じて計算**されますので、相続税の総額に相続割合を乗じた金額が、自分が負担する相続税ということになります。

【各相続人の負担税額を求める算式】

$$\text{相続税の総額} \times \text{各相続人の相続割合}^{(※)} = \text{各相続人が負担する相続税額}$$

$$^{(※)}\text{各相続人の相続割合（あん分割合）} = \frac{\text{各人の課税価格}}{\text{各人の課税価格の合計額}}$$

先ほどの例題の財産をもとに、それぞれ次のように相続したとした場合の相続税額を計算してみましょう。

【被相続人甲の遺産と各人の相続財産】

被相続人甲の遺産	相続税評価額	左記財産を相続した相続人
自宅およびその敷地	1億円	配偶者乙
アパートおよびその敷地	2億円	配偶者乙
駐車場	1億5,000万円	長男A
預貯金	3,000万円	養子C
有価証券	4,000万円	長女B
死亡保険金（非課税額控除後）	3,000万円	配偶者乙
借入金	△1億円	配偶者乙
合計（課税価格）	4億5,000万円	

【各相続人の相続割合と負担税額】

各相続人	相続した財産額	相続割合（あん分割合）	各人の負担税額
配偶者乙	2億3,000万円	23,000／45,000＝0.51	1億60万円×0.51＝5,130万6,000円
長男A	1億5,000万円	15,000／45,000＝0.33	1億60万円×0.33＝3,319万8,000円
長女B	4,000万円	4,000／45,000＝0.09	1億60万円×0.09＝905万4,000円
養子C	3,000万円	3,000／45,000＝0.07	1億60万円×0.07＝704万2,000円
（課税価格）	4億5,000万円	合計1（小数点3位で調整）	相続税の総額　1億60万円

以上のように、相続によって財産をもらった人は、相続税の総額のうち**自分が相続した財産の割合に見合う分の相続税**を負担することになります。

2-6

配偶者は半分相続しても相続税がかからない？

　法定相続分または1億6,000万円までなら課税されない

　よく "配偶者は半分まで相続しても相続税が課税されない" といったことがいわれますが、正確には配偶者が相続する額が、遺産総額に対して法定相続分以下であれば、相続額がどんなに高額でも、配偶者には相続税は一切かかりません。

　具体的には、配偶者の負担税額から「法定相続分」と「1億6,000万円」のうち、いずれか高い金額が控除されることになっています。

　したがって、配偶者の場合には、**最低でも1億6,000万円までの遺産相続については、相続税が課税されない**ことになります。

　ちなみに、配偶者と子供が相続人の場合は配偶者の法定相続分は2分の1であるため、世間一般では "配偶者は半分まで相続しても税金がかからない" といわれているわけです。

【配偶者の税額軽減（控除額）を求める算式】

$$\text{相続税の総額} \times \frac{\text{課税価格} \times \text{法定相続割合}^{(※)}}{\text{課税価格（各人の課税価格の合計額）}} = \text{配偶者の税額軽減額}$$

（※）「課税価格×法定相続割合」が1億6,000万円に満たないときは、1億6,000万円となる。

　それでは、37ページの例題をもとに、配偶者の実際の納税額がいくらになるか計算してみましょう。

①配偶者乙の負担税額　　　　5,130万6,000円

②配偶者の税額軽減額

$$1\,億60万円 \times \frac{2\,億2,500万円\,（※）}{4\,億5,000万円} = 5,030万円$$

（※）　4億5,000万円×1/2（法定相続割合）

$$= 2\,億2,500万円 > 1\,億6,000万円$$

$$\therefore 2\,億2,500万円$$

③差引き納付税額（実際に納付する金額）

$$① － ② = 100万6,000円$$

　以上のように計算されるので、配偶者乙は、負担税額5,130万6,000円のうち5,030万円が控除され、結果として100万6,000円の納税となります。つまり、法定相続分である2分の1（50％）を超えて相続した1％分に対して100万6,000円の相続税の納税が残ることになるわけです。

　したがって、被相続人甲の死亡により遺族が納付する相続税は5,030万円（配偶者乙100万6,000円＋長男A3,319万8,000円＋長女B905万4,000円＋養子C704万2,000円）ということになります。

　なお、孫養子であるCは44ページで説明するように、相続税が2割加算とされるため、実際の納税額は2割増しになります。

　このように、配偶者は1億6,000万円まで相続しても、非課税であるため、夫の財産が1億6,000万円以下の場合には、相続税を1円たりとも払いたくないとしてすべて配偶者が相続する場合がありますが、このような相続をすると、次の二次相続のときに子供が相続税で苦しむことになりますので、**二次相続を踏まえた遺産分け**を考えることが大事でしょう。

相続税には加算制度や税額控除がある

こんな人は相続税が2割増しに！

各相続人が実際に支払う相続税額は、各人の負担税額に、前述の配偶者の税額軽減などの各種調整を加えて最終的な納付税額が決まりますが、被相続人から財産を受け継いだ人のなかで、特定の人については、その納める相続税額に2割を加算するという制度があります。

では、どのような人が、その特定の人にあたるのでしょうか。

相続税法では、被相続人の一親等の血族（被相続人の子または両親で、子の代襲相続人を含む）と配偶者以外の人が財産を取得した場合、算出税額に2割相当額を加算すると定めています。

つまり、被相続人と関係の薄かった人が相続や遺贈で財産を受け取った場合は、通常よりも税額を高くするということです。代表的な例は、**相続人が兄弟姉妹の場合**です。配偶者や子供には、2割加算はありませんから安心してください。

孫養子も2割加算に！

本来、養子は法律上、実子と同じ権利をもつわけですから当然、実子と同じに扱われて、2割加算の規定は適用されません。

しかし、被相続人の養子となった孫が相続する場合は2割加算となります。

つまり、孫を養子にして相続をさせると、「親→子→孫」へと伝わる財産のステップが1回飛ばされることになり、課税の公平を保てないということから、たとえ養子であっても、その養子が孫である場合は2割加算を適用することにしたものです。

【前記の例題で養子C（長男の子）の相続税額】

①養子Cの負担税額　　　　704万2,000円

②孫養子のため2割加算　　704万2,000円×20％＝140万8,400円

③最終納付税額　　　　　　①＋②＝845万400円

二重課税の防止のための「贈与税額控除」

32ページで説明したように、相続人が被相続人から相続開始前3年以内に贈与を受けた財産は、相続税の対象となります。そうすると、贈与を受けたときには、その贈与を受けた財産に対して贈与税が課税されていますので、相続税と贈与税が二重に課税されることになってしまいます。

このようなことを避けるために、相続開始前3年以内に贈与を受けた財産は、相続税を課税するかわりとして、贈与時に課税されていた贈与税は、贈与を受けた人の相続税から差し引かれます。

なお、相続時精算課税を選択した場合の贈与については、3年以内かどうかに関係なくすべて同じ取扱いとなります。

未成年者が相続すると「未成年者控除」がある

相続発生時に未成年者（満18歳未満の者）である法定相続人が遺産を相続した場合には、その未成年者の負担税額から、次の算式により計算した金額が控除されます。

10万円 × （18歳 － 相続時の年齢）＝ 未成年者控除額

障害者の相続には「障害者控除」がある

相続発生時に障害者である法定相続人が遺産を相続した場合には、その障害者の負担税額から、次の算式により計算した金額が控除されます。

【一般障害者の場合】

    10万円 × （85歳 － 相続時の年齢） ＝ 障害者控除額

【特別障害者の場合】

    20万円 × （85歳 － 相続時の年齢） ＝ 障害者控除額

続けて相続が発生した場合は「相次相続控除」

　相続によって遺産をもらい、その際に相続税の支払いをしていた人が、その後10年以内に死亡した場合には、その死亡者から遺産を相続した人は、自分の負担税額からその死亡者が前の相続の際に支払っていた相続税のうち、一定の金額を「相次相続控除額」として差し引くことができます。

　この相次相続控除は、あくまでも今回亡くなった人（被相続人）が前の相続のときに相続税を払っている場合に適用がありますので、たとえば、二次相続で母が死亡した場合は、もともと父の死亡時に「配偶者の税額軽減の特例」で相続税を支払っていなければ当然、相次相続控除はありません。

外国にある財産を相続した人には「外国税額控除」

　被相続人の財産が外国にも存在する場合、国によっては日本の相続税と同様の税金が、その財産が所在する外国において課税される場合があります。

　このような場合は、外国に所在する財産も日本の相続税の対象となり、課税価格に算入されますので、外国に所在する財産は日本の相続税とその所在国の相続税が二重に課税されることになってしまうため、外国で課税されていた分を「外国税額控除」として差し引くわけです。

相続財産はいくらになるのか

相続税を計算するには
相続財産の評価が必要

🏠 相続財産は「時価」で課税するのが基本

　相続税は、現金、預金、土地、建物、株式、ゴルフ会員権など金銭に換算することが可能なすべての財産を課税の対象としていますが、これらの財産をいかにして金銭に換算するかということは、実はむずかしい問題です。

　財産が現金や預貯金だけといった場合は、そのままの金額が金銭価値なので問題はありませんが、土地や建物などは売却してみなければその財産のもつ本当の金銭価値はわかりません。まして中小企業の株式は、上場企業と違って相場がありませんので、いくらの価値なのか見当もつきません。

　そこで、相続税では、さまざまな財産の評価は「**相続開始時（死亡時）の時価**」によると規定しています。

🏠「時価」をはじき出すのが「相続税評価額」

　「時価」という言葉はあいまいで、わかりにくいものです。

　しかし、相続が発生した場合には、無理やりにでも財産を金銭価値に換算しなければ、相続税額を計算することはできません。

　そこで国税庁では、各種の相続財産について一定の評価基準を定めた「財産評価通達」を出して、これにしたがって「時価」を計算することにしています。この「時価」をはじき出す尺度を「**相続税評価額**」と呼んでいます。

　現金や預金、上場株式など、その金銭価値が客観的にわかる財産は、ほぼそのまま相続税評価額となりますが、土地や建物、中小企業の株式（「同族株式」と同意とします）など、客観的な価値の確定がむずかしい財産は、相続税法上の一定の取り決めのもとで相続

◎主な財産のおおまかな評価の考え方◎

おおまかな種類	おおまかな評価の考え方
現金、預金、上場株式、投資信託などの金融資産	死亡時の換金価額
土地、建物などの不動産 （※）	●土地は路線価方式（一部、倍率方式） ●建物は固定資産税評価額 ●賃貸不動産は減額される
同族株式	●支配株主（経営者一族）の場合 　㋑純資産価額方式 　㋺類似業種比準価額方式 　㋩併用方式 ●非支配株主（少数株主）の場合 　配当還元方式

（※）土地には、宅地、田畑、山林などがありますが、ここでは宅地（建物の敷地または建物を建てることができる土地）を指すものとします。

税評価額を定めています。

　大まかな考え方は上表のとおりですが、この章では、相続財産のうちでも約半数を占める不動産の評価を中心にみていきたいと思います。

土地は地目ごと、利用状況ごとに評価する

🏠 土地は9種類の地目別に区分する

　相続する遺産のなかでも、いちばん評価額が高いのは、たいていの場合、土地です。しかし、ひとくちに土地といっても、いろいろな種類の土地があります。

　相続税法では土地を、①宅地、②田、③畑、④山林、⑤原野、⑥牧場、⑦池沼、⑧鉱泉地、⑨雑種地と、9種類の**地目別**に区分しています。相続する土地がどの地目にあたるかは、課税時期（死亡したとき）の現況（登記簿の地目ではありません）によって判定され、土地の評価は原則として地目ごとに行ないます。

　したがって、【図1】のように所有している土地が宅地と畑に分かれているような場合は、宅地と畑に分けてそれぞれを評価します。

🏠 宅地の評価は利用状況ごとに行なう

　土地のなかでも、遺産全体の大部分を占めるのが宅地ですが、「宅

【図1】

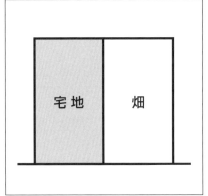

【図2】

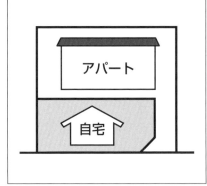

地」とは、簡単にいえば**建物の敷地**ということになります。

　宅地の評価は、その利用状況による敷地ごとに評価します。これを「１画地の宅地」ごとの評価といいますが、たとえば【図２】のように、被相続人が所有していた土地を自宅とアパートの２つの建物の敷地として使用していた場合は、「自宅の敷地」と「アパートの敷地」がそれぞれ「１画地の宅地」となり、それぞれの敷地（１画地の宅地）ごとにその評価を行なうことになります。

　なお、登記簿上の筆（地番）は評価の単位とは関係ありません。

　では"利用状況ごと"に評価するといっていますが、何をもって利用状況が違うというのでしょうか？　利用状況の違いをいう場合には通常、「自用地」と「自用地以外」に分けますが、それは所有者の意思で好き勝手に利用できるのか、他人の権利が入っているのかという違いと考えればいいでしょう。例をあげると以下のようになります。

①**自用地**

　自宅の敷地、美容院など宅地の所有者が個人事業として使用している店舗の敷地、子供などにただで住まわせている子供の家の敷地、空き地などが自用地であり、他人の権利の制約を受けずに宅地の所有者の自由な意思で好きに使用できる土地をいいます。

【図３】

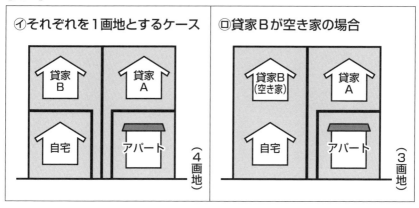

②自用地以外

　貸家の敷地、アパートの敷地、貸し店舗の敷地、貸地（底地）など、宅地の所有者以外の者にその土地上の建物や土地そのものを賃貸借契約により貸し付けているため、借り手に借家権や借地権といった権利があることにより、宅地の所有者の自由にできない土地をいいます。たとえば、貸家が2軒あり、借り手が異なるといった場合は、権利者が異なりますので、貸家ごとに利用状況を判定します。

　したがって、【図3】①のように自宅とアパート、貸家A、貸家Bといったような利用状況であれば、それぞれの利用状況ごとに評価を行ないます。ただし、②のように、相続発生時に貸家Bが空き家であれば、貸家Bは自宅の敷地のなかに含めて評価することになります。

　なお、56ページで説明するように、宅地の評価は地形によって大きく変わってきます。宅地の評価は利用状況（1画地の宅地）ごとですから、どの部分を1画地の宅地と判断するかによって評価額が大きく異なることになるわけです。

土地・建物の評価は路線価と固定資産税評価額が基本

🏠 土地の評価は時価相場の８割が目安

　宅地を評価する方法としては、基本的に「**路線価方式**」と「**倍率方式**」という２つの方法があります。

　路線価方式は、いわゆる市街地的形態の地域にある宅地について用いられ、倍率方式は、地価の格差の少ない郊外や農村部にある宅地について使用されます。

　路線価方式と倍率方式のどちらで評価するかについては、その所在地ごとの各国税局が定めています。相続する宅地がどちらの方式になっているかは、所轄の税務署の資産課税部門に問い合わせると教えてもらえます。

　なお、路線価方式にしろ、倍率方式にしろ、時価相場の80％を目安として決められているので、一般的には実際の売却価額より安くなるように設定されています。

🏠 一般的な宅地は「路線価方式」で評価

　路線価というのは、毎年１月１日現在で道路につけられる価額のことで、新聞等でも大きく報道されますから、みなさんもよくご存知でしょう。路線価方式は、この道路につけられた価額をもとにして宅地の評価を行なう方法です。

　路線価は、**１㎡あたりの価額**ですから、評価する対象の宅地に面している路線価がわかれば、それに面積をかけることで宅地全体の相続税評価額を算出することができます。

　路線価は毎年改定され、その年の７月に「**路線価図**」という地図が公表されます。インターネットで国税庁のホームページを開けば簡単に調べられます。

◎「路線価図」の読み方◎

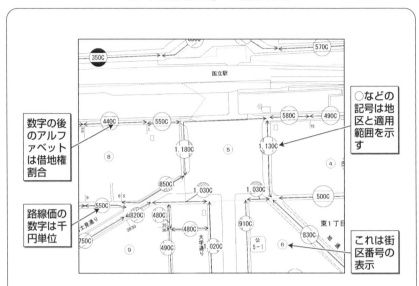

数字の後のアルファベットは借地権割合

○などの記号は地区と適用範囲を示す

路線価の数字は千円単位

これは街区番号の表示

【地区区分の記号】

地　　　　　区	記　号
ビ ル 街 地 区	（六角形）
高 度 商 業 地 区	（楕円）
繁 華 街 地 区	（角丸四角）
普通商業・併用住宅地区	（円）
中 小 工 場 地 区	（菱形）
大 工 場 地 区	（四角）
普 通 住 宅 地 区	無　印

【適用範囲の記号】

適 用 範 囲	記　号
道 路 の 両 側 の 全 地 域	○
道路の南側(下方)の全地域	◑
道 路 沿 い	●
道路の北側(上方)の道路沿いと南側(下方)の全地域	◓
道路の北側(上方)の道路沿いのみの地域	◒

【借地権割合】

記　　　号	A	B	C	D	E	F	G
借地権割合	90%	80%	70%	60%	50%	40%	30%

54

◎「評価倍率表」の例◎

令和4年分　　　倍　率　表　　　　　　　1頁

市区町村名：西多摩郡奥多摩町　　　　　　　　　　　　　青梅税務署

音順	町（丁目）又は大字名	適 用 地 域 名	借地権割合	宅地	田	畑	山林	原野	牧場	池沼
			%	倍	倍	倍	倍	倍		
う	海 澤	都道沿いの地域	50	1.2	一中	20純	2.2	純 2.2		
		上記以外の地域	50	1.2	純 3.5	9.7純	2.0	純 2.0		
	梅 澤	主要地方道45号（吉野街道）沿いの地域	50	1.1	一中	25純	2.1	純 2.1		
		上記以外の地域	50	0.9	純 3.5	13純	1.9	純 1.9		
お	大月波	都道沿いの地域	40	1.0	一中	12純	2.0	純 2.0		

🏠 路線価のない土地は「倍率方式」で評価

　市街地ではない郊外や別荘地、農村部などには、路線価がついていません。このような宅地については、評価の対象となる宅地の**固定資産税評価額**を基礎に、国税局長が毎年、地域ごとに決める一定の割合（これを**評価倍率**といいますが、だいたい1倍から1.2倍が宅地の評価倍率です）をかけて宅地全体の相続税評価額を算出します。この方式が「倍率方式」とよばれるものです。

　固定資産税評価額は、毎年4月頃に市区町村役場から「固定資産税の課税明細書」が不動産の所有者に送られてきますので、その課税明細書に記載されている固定資産税評価額をもとに評価すればいいわけです。

　なお、宅地の固定資産税評価額は時価相場の70％を目安に設定されています。

🏠 建物の評価額は固定資産税評価額と同じ

　建物の相続税評価額は、建物の固定資産税評価額に一定の倍率を乗じる「倍率方式」で計算されますが、建物の評価倍率は1倍なので固定資産税評価額がそのまま相続税評価額となります。

　なお、新築建物の固定資産税評価額は、おおむね総建築費の40％〜50％程度です。

3-4 土地の評価額は地形によって変わる

宅地の形は評価額に影響する

　「路線価方式」とは、評価する宅地が接している道路に付されている値段（路線価）をその宅地の1㎡あたりの評価額とする評価方法なので、基本的には、この1㎡あたりの評価額にその評価する宅地の面積を乗じた価額を、その宅地の評価額とするものです。

　しかし、これだけで評価額が決まってしまうと、非常に乱暴なことになってしまいます。下図のように同じ200㎡の宅地でもいろいろな地形があり、同じ道路沿いにあるなら当然、地形のいい宅地がいちばん値段が高いはずです。

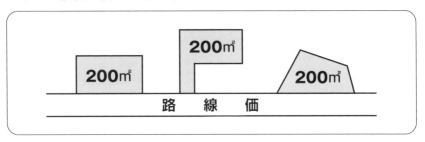

　そのため、その宅地が接している道路や形などを考慮して、路線価に修正を加えてより実情に近い評価を行なうことになっています。

地形の補正は地区区分に応じて行なう

　たとえば、角地のように宅地が正面と横の2つの道路に接している場合や、表通りと裏通りの2つの道路に挟まれているような場合には、1つの道路にしか接していない場合に比べて、利用価値が高くなりますので、横の道路や裏の道路に付されている路線価も考慮して、1つの道路にしか接していない場合よりも評価額が高くなるように修正します（側方路線影響加算率、二方路線影響加算率）。

【奥行価格補正率表】

奥行距離（メートル）／地区区分	ビル街地区	高度商業地区	繁華街地区	普通商業・併用住宅地区	普通住宅地区	中小工場地区	大工場地区
4未満	0.80	0.90	0.90	0.90	0.90	0.85	0.85
4以上 6未満		0.92	0.92	0.92	0.92	0.90	0.90
6〃 8〃	0.84	0.94	0.95	0.95	0.95	0.93	0.93
8〃 10〃	0.88	0.96	0.97	0.97	0.97	0.95	0.95
10〃 12〃	0.90	0.98	0.99	0.99	1.00	0.96	0.96
12〃 14〃	0.91	0.99	1.00	1.00		0.97	0.97
14〃 16〃	0.92	1.00				0.98	0.98
16〃 20〃	0.93					0.99	0.99
20〃 24〃	0.94					1.00	1.00
24〃 28〃	0.95				0.97		
28〃 32〃	0.96		0.98		0.95		
32〃 36〃	0.97		0.96	0.97	0.93		
36〃 40〃	0.98		0.94	0.95	0.92		
40〃 44〃	0.99		0.92	0.93	0.91		
44〃 48〃	1.00		0.90	0.91	0.90		
48〃 52〃		0.99	0.88	0.89	0.89		
52〃 56〃		0.98	0.87	0.88	0.88		
56〃 60〃		0.97	0.86	0.87	0.87		
60〃 64〃		0.96	0.85	0.86	0.86	0.99	
64〃 68〃		0.95	0.84	0.85	0.85	0.98	
68〃 72〃		0.94	0.83	0.84	0.84	0.97	
72〃 76〃		0.93	0.82	0.83	0.83	0.96	
76〃 80〃		0.92	0.81	0.82			
80〃 84〃		0.90	0.80	0.81	0.82	0.93	
84〃 88〃		0.88		0.80			
88〃 92〃		0.86			0.81	0.90	
92〃 96〃	0.99	0.84					
96〃 100〃	0.97	0.82					
100〃	0.95	0.80			0.80		

【側方路線影響加算率表】

地区区分	加算率	
	角地の場合	準角地の場合
ビル街地区	0.07	0.03
高度商業地区 繁華街地区	0.10	0.05
普通商業・併用住宅地区	0.08	0.04
普通住宅地区 中小工場地区	0.03	0.02
大工場地区	0.02	0.01

【二方路線影響加算率表】

地区区分	加算率
ビル街地区	0.03
高度商業地区 繁華街地区	0.07
普通商業・併用住宅地区	0.05
普通住宅地区 中小工場地区 大工場地区	0.02

(注)「角地」とは2本の交差する道路に接する土地、「準角地」とは1本の道路の屈折部の内側に位置するものをいう。

【地積区分表】

地区区分＼地積区分	A	B	C
高度商業地区	1,000㎡未満	1,000㎡以上 1,500㎡未満	1,500㎡以上
繁華街地区	450㎡未満	450㎡以上 700㎡未満	700㎡以上
普通商業・併用住宅地区	650㎡未満	650㎡以上 1,000㎡未満	1,000㎡以上
普通住宅地区	500㎡未満	500㎡以上 750㎡未満	750㎡以上
中小工場地区	3,500㎡未満	3,500㎡以上 5,000㎡未満	5,000㎡以上

【不整形地補正率表】

地区区分＼地積区分＼がけ地割合	高度商業地区、繁華街地区、普通商業・併用住宅地区、中小工場地区			普通住宅地区		
	A	B	C	A	B	C
10%以上	0.99	0.99	1.00	0.98	0.99	0.99
15% 〃	0.98	0.99	0.99	0.96	0.98	0.99
20% 〃	0.97	0.98	0.99	0.94	0.97	0.98
25% 〃	0.96	0.98	0.99	0.92	0.95	0.97
30% 〃	0.94	0.97	0.98	0.90	0.93	0.96
35% 〃	0.92	0.95	0.98	0.88	0.91	0.94
40% 〃	0.90	0.93	0.97	0.85	0.88	0.92
45% 〃	0.87	0.91	0.95	0.82	0.85	0.90
50% 〃	0.84	0.89	0.93	0.79	0.82	0.87
55% 〃	0.80	0.87	0.90	0.75	0.78	0.83
60% 〃	0.76	0.84	0.86	0.70	0.73	0.78
65% 〃	0.70	0.75	0.80	0.60	0.65	0.70

【間口狭小補正率表】

間口距離（メートル）＼地区区分	ビル街地区	高度商業地区	繁華街地区	普通商業・併用住宅地区	普通住宅地区	中小工場地区	大工場地区
4未満	－	0.85	0.90	0.90	0.90	0.80	0.80
4以上 6未満	－	0.94	1.00	0.97	0.94	0.85	0.85
6 〃 8 〃	－	0.97		1.00	0.97	0.90	0.90
8 〃 10 〃	0.95	1.00			1.00	0.95	0.95
10 〃 16 〃	0.97					1.00	0.97
16 〃 22 〃	0.98						0.98
22 〃 28 〃	0.99						0.99
28 〃	1.00						1.00

【奥行長大補正率表】

地区区分 奥行距離／間口距離	ビル街地区	高度商業地区・繁華街地区・普通商業・併用住宅地区	普通住宅地区	中小工場地区	大工場地区
2以上 3未満	1.00	1.00	0.98	1.00	1.00
3〃 4〃		0.99	0.96	0.99	
4〃 5〃		0.98	0.94	0.98	
5〃 6〃		0.96	0.92	0.96	
6〃 7〃		0.94	0.90	0.94	
7〃 8〃		0.92		0.92	
8〃		0.90		0.90	

逆に、奥行きが長すぎたり、短すぎたりする宅地や、間口が狭い宅地、さらに宅地の形がいびつであったり、

【がけ地補正率表】

がけ地の方位 がけ地地積／総地積	南	東	西	北
0.10以上	0.96	0.95	0.94	0.93
0.20〃	0.92	0.91	0.90	0.88
0.30〃	0.88	0.87	0.86	0.83
0.40〃	0.85	0.84	0.82	0.78
0.50〃	0.82	0.81	0.78	0.73
0.60〃	0.79	0.77	0.74	0.68
0.70〃	0.76	0.74	0.70	0.63
0.80〃	0.73	0.70	0.66	0.58
0.90〃	0.70	0.65	0.60	0.53

袋地やがけ地であったりした場合には、宅地としての価値が低下しますので、このような場合には、それなりに評価額が低くなるように調整します（奥行価格補正率、間口狭小補正率、奥行長大補正率、不整形地補正率、がけ地補正率など）。

　このような調整を行なうにあたっては、その宅地がどのような地区に存在しているのか、ということがポイントになります。

　たとえば、住宅地であれば、あまり大きな土地（奥行の長い土地）は使い勝手が悪く売却しづらいですし、逆に工場地帯の土地であれば、ある程度広くないと利用価値はありません。

　角地である場合の価額上方修正や奥行の長さ、不整形の度合い等による価額下方修正は、「加算率」「補正率」として調整する率が決まっていますが、この調整する率は、住宅地、商業地、工場地帯などの地区ごとに定められており、その評価する土地がどの地区に属するかは路線価図に書いてあります。

　いずれにしろ、さまざまな調整は専門家に相談しなければわかり

◎路線価の加算・補正の具体的計算例◎

【一方のみの路線に接している宅地の場合】

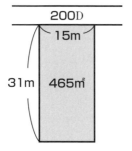

200D
15m
31m 465㎡

地区区分 ：普通住宅地区
奥行　　：31m
面積　　：465㎡

①200,000円（路線価）×0.95（奥行価格補正率）＝190,000円
②190,000円×0.98（奥行長大補正率）＝186,200円
③186,200円×465㎡＝86,583,000円

【宅地が角地にある場合】

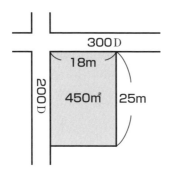

300D
18m
200D
450㎡ 25m

地区区分 ：普通住宅地区
正面奥行 ：25m
側方奥行 ：18m
面積　　：450㎡

①300,000円×0.97（正面路線の奥行価格補正率）＝291,000円
②291,000円＋200,000円×1.0（側方路線の奥行価格補正率）×
　0.03（側方路線影響加算率）＝297,000円
③297,000円×450㎡＝133,650,000円

づらいですので、自分の土地の相続税評価額を知りたいのであれば
１㎡あたりの値段（路線価）に面積をかけた数字で、おおざっぱに
把握しておけばよいのではないでしょうか。

3-5

特定の地域の広すぎる宅地は評価額が減額される

規模の大きな宅地とは

　近所の住宅敷地の面積が100㎡（30坪）前後の住宅街のなかに、1,000㎡の駐車場があるといった場合、同じ地域でも100㎡の土地と1,000㎡の土地では、売却するときの㎡単価が相当に異なります。

　つまり、100㎡の土地はエンドユーザー（最終消費者）に直接売却できますが、1,000㎡の土地では住宅として購入する人がなかなかいないため、通常は建売業者に売却するということになります。

　そうすると、購入した建売業者は道路を入れたり、緑地を整備したりしたうえで、数区画に分割して売却しますので、このような広大な土地は売却時の㎡単価がかなり安くなってしまいます。

　そこで、次の要件に該当する宅地は、規模の大きな宅地として評価額が減額されることになっています。

【規模の大きな宅地の適用要件】

　三大都市圏では地積が500㎡以上の宅地、それ以外の地域では1,000㎡以上の宅地であって、次の①から④に該当するもの以外の宅地（市街地農地や市街地山林も含みます）が「地積規模の大きな宅地」となります。

①市街化調整区域に所在する宅地…市街化調整区域は原則として住宅を建築できませんが、宅地分譲に係る開発行為を行なうことができる区域は除かれます。

②都市計画法の用途地域が工業専用地域に指定されている地域に所在する宅地

③指定容積率が400％（東京23区においては300％）以上の地域に所在する宅地

④大規模工業用地

　なお、路線価地域にある宅地については、「**普通住宅地区**」「**普通商業・併用住宅地区**」に所在するものしか該当しないので注意してください。評価方法は次の計算式のとおりとなります。

　評価額＝路線価×奥行価格補正率(※)×不整形地補正率などの
　　　　　各種補正率(※)×**規模格差補正率**×地積（㎡）

　（※）奥行価格補正率、不整形地補正率等は57〜59ページ参照。

【規模格差補正率の算式】

　「規模格差補正率」の算式は非常に複雑なので、算式は省きますが、三大都市圏の500㎡の宅地の規模格差補正率が0.8（1,000㎡で0.78、2,000㎡で0.75）なので、規模格差補正率はこれぐらいだと思っておけばよいでしょう。

🏠 行き止まりの私道は30％評価

　開発された宅地が分譲される場合、行き止まりの私道はその分譲地の購入者によって共有で所有するのが一般的ですが、このような私道の固定資産税は非課税です。しかし、相続税は宅地の30％で評価されるので注意してください。

　なお、通り抜けの私道は、不特定多数の者が利用するため、公道と同様に考えて評価額は0となります。

独身の兄が急死した！ さて、どうしよう？

　「このたび、兄が急死しました。兄はずっと独身だったので、子供はいません。父は3年前に死亡しましたが、77歳になる母は元気です。兄の兄弟は妹である私1人です。兄は3年前の父の相続のときに、それなりの財産を相続していますし、自分で貯めていたお金もけっこうあるようなのですが、どのように相続すればいいのでしょうか？」といって、私の事務所に相談にみえた方がいました。

　そこで私は、「第1順位の相続人である子供がいないので、第2順位のお母さんが相続人になります。したがって法律的には、お兄さんの遺産はすべてお母さんが相続することになりますよ」という話をしたところ、「母はかなりの財産をもっているので、ここで兄の遺産を相続すれば、母の財産が膨大になり、母が死亡したときには私が払う相続税がすごく増えることになると思うのですが、何とかなりませんか？」という相談になりました。

　幸い相談にみえたときは、お兄さんが死亡してからまだ3か月たっていなかったので、お母さんに家庭裁判所で**相続放棄**の手続きをしてもらうことにしました（相続放棄の手続きは、相続開始があったことを知った日から3か月以内に行なわなければならないことになっています）。

　お母さんが、家庭裁判所で相続放棄の手続きをしたことにより、第2順位の相続人がいなくなったので、第3順位である妹さん（相談者）が法定相続人となり、この妹さんが兄の遺産をすべて相続することになったわけです。

63

3-6

賃貸ししている不動産は
評価が減額される

🏠 他人に貸している土地は貸宅地として底地で評価

底地とは、自分の土地を他人に貸している状態、つまり宅地の上に借地権が存在する土地のことをいいます。

自分の土地であっても、その土地に借地権が存在すれば、土地の利用権は借地人にありますから、地主は単に地代を収受できるだけの状態の土地を保有していることになります。

このような底地のことを「貸宅地」と呼ぶのですが、東京であれば住宅地の借地権はだいたい更地価額に対して60％～70％が一般的です。したがって、その土地の評価額から、借地権相当額を控除した金額が貸宅地の評価額となるので、おおむね更地価額に対して30％～40％が底地（貸宅地）の評価額と考えればいいでしょう。

逆に、被相続人が借地人だった場合には、借地権が相続税の対象となります。

🏠 「使用貸借」の場合には「借地権」なし

父親の土地に子供が家を建てて住んでいるような賃貸借関係のことを、通常「使用貸借」と呼んでいます。

使用貸借とは、権利金や地代の支払いをしないで土地を借りている状態のことをいいますが、このような使用貸借の場合には借地権は発生しません。

したがって、土地の所有者である父親が死亡した場合には、その土地は自用地（更地）評価となります。

なお、土地の評価額を安くしようと、子供が親に地代を支払って借地権の主張をするケースがあります。しかし、他人に借地をさせる場合は、借地権相当額の権利金を取るのが通常です。権利金の支

◎借地権と貸宅地（底地）の関係◎

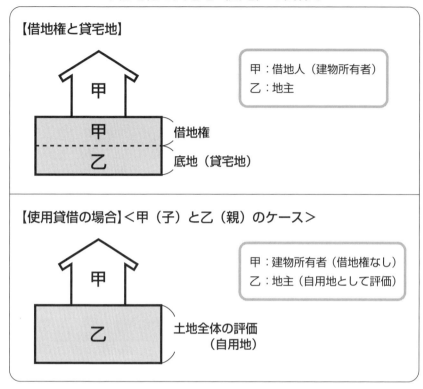

【借地権と貸宅地】

甲

甲 ── 借地権

乙 ── 底地（貸宅地）

甲：借地人（建物所有者）
乙：地主

【使用貸借の場合】＜甲（子）と乙（親）のケース＞

甲

乙 ── 土地全体の評価（自用地）

甲：建物所有者（借地権なし）
乙：地主（自用地として評価）

払いをせずに地代の支払いだけを行なって借地権の主張をすると、タダで借地権を手に入れたとして、その子供に対して借地権の贈与が認定されて、贈与税が課税されることになるので注意してください。

🏠 定期借地権とは

　通常の借地権は、法定更新の制度があるため、建物の所有者に借地権があるとされると、その権利は借地借家法により保護され、その結果、その権利は半永久的に借地人に帰属することになります。

　このように、借地権は非常に強い権利なので、地主にとっては一度自分の土地を借地に出したら、借地権相当額の立退料を支払って

借地権を買い取らなければ、半永久的に自分の土地を取り戻すことはできません。

これに対して**定期借地権**の場合は、契約期間終了後には、建物を取り壊して地主に土地を返還しなければならないので、契約期間終了とともに借地権が消滅し、地主は土地を取り戻すことができます（一般定期借地権の契約期間は50年以上です）。

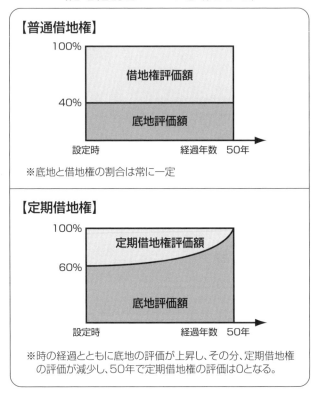

◎普通借地権と定期借地権のちがい◎
（借地権割合60％の地域とする）

【普通借地権】

100%

借地権評価額

40%

底地評価額

設定時　　　　　　　経過年数　50年

※底地と借地権の割合は常に一定

【定期借地権】

100%

定期借地権評価額

60%

底地評価額

設定時　　　　　　　経過年数　50年

※時の経過とともに底地の評価が上昇し、その分、定期借地権の評価が減少し、50年で定期借地権の評価は0となる。

通常の借地権は、その関係が半永久的に続くので、どの時点で相続が発生しても常に一定の評価になりますが、定期借地権の場合は、契約期間満了とともにその権利が消滅するので、契約期間が近づけば近づくほど、定期借地権の価値は減少し、期間満了とともに価値は0となります。

普通借地権と定期借地権の違いを図で示すと上図のとおりです。

なお、定期借地権の評価は、大変にむずかしいので専門家に相談してください。

🏠 駐車場や資材置場も「借地権」なし

借地権とは、建物の所有を目的とする権利のことをいうので、たとえば、駐車場や資材置場などのように建物の所有を目的としない借地は、借地権とはなりません。

したがって、駐車場や資材置場を借りている賃借人が死亡しても、借地権を所有しているわけではないので当然、相続税の対象にはなりません。

逆に、地主が月ぎめ駐車場や資材置場として賃貸ししていても、借地権は存在しないので、相続発生時には自用地（更地）として評価することになります。

🏠 賃貸建物の敷地（貸家建付地）は評価が安くなる

賃貸用のアパートやマンション、貸家が建っている土地のことを「貸家建付地」と呼びます。

貸宅地の場合は、その土地の上に建っている建物は、借地人が所有権をもっていますが、貸家建付地の場合は、土地も建物も所有権は自分（地主）にあるという点で、貸宅地とは異なります。

しかし、いくら土地・建物が自分のものであるといっても、第三者に貸付を行なっていれば、そこには借家人がいるわけですから、借家人を追い出してその土地を自分の思いどおりに利用するというわけにはいきません。

このため、貸家やアパートなどの賃貸ししている建物の敷地は、貸家建付地として、自用地（更地）よりも評価を低くすることにしています。

なお、東京都の通常の住宅地の場合、評価額はおおむね更地価額に対して18％〜21％減額されます。

🏠 賃貸建物の評価は3割引き

55ページで説明したように、建物は、固定資産税評価額がその建

◎貸家と貸家建付地の関係◎

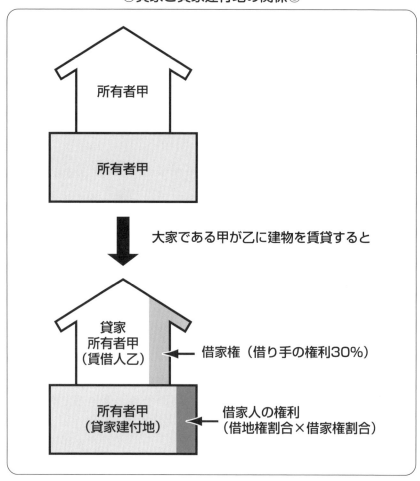

物の相続税評価額となります。

　しかし、建物を賃貸ししている場合は、借家人がいる分だけ利用が制限されるので、その建物の評価額から借家権相当額を控除した金額が、貸家の評価額となります。通常、借家権割合は30％となっていますので、「**固定資産税評価額×（１−0.3)**」が貸家の評価額となります。

畑や山林の評価はどうなるの？

🏠 農村地帯にある農地の評価は田、畑の別に評価倍率方式で

　農地のうちでも、いわゆる農村地帯にある農地は**純農地**または**中間農地**と呼ばれ、固定資産税評価額に一定の倍率を乗じた価額が相続税評価額となります。

　これら農村地帯にある農地（純農地、中間農地）は、原則として宅地に転用できないので通常、建物を建築することはできません。

　なお、農村地帯にある農地（純農地、中間農地）の固定資産税評価額は、売買価額を基準にしていないので、宅地の場合の固定資産税評価額に比べきわめて低い金額になっています。しかし、相続税の評価額は時価相場の8割を基準としていますので、この農地の固定資産税評価額に乗じる倍率（田、畑の別に国税局長が倍率を定めている「評価倍率表」参照☞55ページ）がそれなりの高い倍率として定められています。したがって、固定資産税評価額が安くても、相続税評価額はそれなりの金額となります。

🏠 市街地にある農地は「宅地比準方式」により評価する

　市街地にある農地は「**市街地農地**」と呼ばれ、届出さえすればいつでも宅地に転用できますので、一定の造成費を考慮するだけで宅地として「宅地比準方式」により評価を行なうことになります。

🏠 山林の評価も農地の評価と同じ考え方

　山林の場合も、基本的にその評価方法は農地の場合と同じです。山林はその所在する場所によって、①「純山林」、②「中間山林」、③「市街地山林」の3つに区分されますが、純山林と中間山林は原則として宅地に転用できないので通常、建物を建築することはでき

ません。それに対して市街地山林は、いつでも宅地に転用して建物を建築することができるので、農地の場合と同様、市街地山林の評価は一定の造成費を考慮したうえで宅地として評価します。

生産緑地も宅地並み課税

生産緑地とは、市街地にある農地のうち、農地のもつ緑地機能に着目して良好な都市環境の形成を図るために農地として保全すべきこととされている農地をいいます。

一定の要件に該当する農地の所有者が、市町村長から指定を受けて初めて生産緑地となるわけですが、この指定を受けると、その生産緑地地区内では建物の建築や宅地への造成などの行為が制限されるかわりに、固定資産税が農地並み（一般の市街化区域農地に比べて20分の1から100分の1程度）となります。しかし、以下の要件に該当する場合を除いて、生産緑地の指定を受けると農地としてしか利用できなくなります。

● 生産緑地に指定されてから30年を経過した場合（特定生産緑地の指定を受けた場合は10年。以下同じ）
● 主たる農業従事者の死亡または農業への従事が不可能となった場合

生産緑地の所有者が死亡した場合は通常、上記の要件の「主たる農業従事者の死亡」に該当しますので、生産緑地を解除して宅地とすることができます。

したがって、生産緑地の所有者が死亡した場合は、その生産緑地の相続税評価額は宅地としての評価となるわけです。

生産緑地は農地の納税猶予を検討しよう

生産緑地の所有者が死亡した場合、宅地並みの評価となるわけですから、都心の場合には農業を続けようと思っても相続税の支払い

のために農業が続けられなくなるという問題が生じます。

そこで、生産緑地（生産緑地以外にも一定の農地が該当）を相続した相続人が取得後、農業を営む場合には，一定の条件を満たすことにより，取得した農地に係る相続税が以下に掲げる期限まで猶予されるという制度があります。

猶予ですから、本来はいつか相続税を支払わなければならないはずですが、以下に掲げる期限が到来すれば、猶予されていた相続税が免除となります。

【納税猶予が免除される期限】

- **農業相続人が死亡するとき**
- **農業相続人が農地を農業後継者に対して生前に一括贈与するとき**

猶予される相続税額は、農地の通常の相続税評価額のうち、農業投資価格を超える部分に対応する相続税額とされており、ここでいう農業投資価格とは、収穫高等を基準にして県別に一律に定められています。東京都の場合には、なんと1反（1,000㎡）あたり畑が84万円、田が90万円（令和4年度価格）となっています。

したがって、たとえば東京都世田谷区に1㎡あたりの相続税評価額50万円の畑を1,000㎡所有している農業経営者が死亡した場合には、本来であればその畑の相続税評価額は5億円（50万円×1,000㎡）となり、この金額をもとに相続税を計算することになるわけです。しかし、農業相続人が納税猶予の適用を受けると、この畑の相続税評価額は84万円として計算されることになるので、5億円と84万円の評価額の差額に相当する相続税額が猶予されることになるわけです。

🏠 一生畑を耕せる？　途中でやめると大変なことに！

　生産緑地を相続した農業相続人は一生涯、農業を継続する必要が
あります。

　つまり、生産緑地についての納税猶予の要件は終生営農（農業相
続人の死亡時に猶予額が免除）となっているため、農業相続人が自
分の生きている間に生産緑地をやめてしまうと、「納税猶予額＋利
子税」を納付しなければならないことになってしまいます。

　先ほどの例の世田谷の生産緑地（1,000㎡）であれば、84万円で
評価されていたものが、5億円の評価で相続税が計算されるわけで
すから、途中で生産緑地をやめると数億円の相続税を納めなおすこ
とになってしまうわけです。

中小企業の同族株式の評価は要注意！

オーナー一族かどうかによって評価方法が異なる

　日本の会社のほとんどは、中小零細企業と呼ばれる**同族会社**です。上場会社と違って、その株式は取引されているわけではないので、客観的な価値はわかりません。

　土地や建物も、本当の意味での客観的価値は売却してみなければわからないのですが、少なくとも不動産の市場は整備されているので、売却したいと思えば第三者に売却することができます。

　それに対して、非上場の中小零細企業の株式は、市場があるわけでもなく、売却しようと思っても買い手を見つけることはほとんど不可能といっていいでしょう。だからといって、「中小零細企業の株式は相続税の対象としない」とすると、課税の不公平が生じてしまいます。

　つまり、会社は誰のものかといえば株主のものですから、会社を清算してしまえば、会社の財産は最終的には株主のものになるので当然、株主にとっては財産価値のあるものというわけです。

　しかし、非上場株式の場合は、会社を支配できるオーナー一族（以下「同族株主」という）であるか、少数株主であるかによって、その所有している株式の意味（重み）が異なります。

　株式を取得した相続人が、株式の大半を所有している同族株主の一員であれば、その同族株主グループの一存によって会社をどう運営するか、会社財産をどのように分配するか、自由に決められますし、第三者に会社ごと売却することも可能です。そのため、その株式取得者が同族株主グループに属している場合には、**原則的評価（会社の価値を基準に評価する方法）**によって評価します。

　それに対して、その株式取得者が同族株主グループ以外であれば、

会社の支配もできず、売却する市場もありません。その株式の価値は、配当を期待するだけのものとなってしまうので、「配当還元方式」と呼ばれる**特例的評価**によって評価します。

なお、同族株主グループに属しているのかという判断や、原則的評価の計算のしかたなどは非常に複雑なので、相続財産のなかに同族株式がある場合は、税理士等の専門家に相談してください。

🏠 役員死亡退職金を支給したときの取扱い

死亡退職金は、「500万円×法定相続人の数」まで非課税とされています。被相続人が、同族会社の現役社長や役員であった場合は、死亡退職金を支給することによって、死亡退職金を支払う会社の株式の評価額は下がり、支給を受ける遺族も非課税規定が使えるという一石二鳥の効果が期待できます。

ただし、あまり高額な退職金は**過大役員退職金**として、課税庁より否認を受ける可能性があります。税務署が一般的に納得する役員退職金の算定方法は、次の算式による**功績倍率法**といわれています。

最終報酬月額 × 勤続年数 × 功績倍率 ＝ 適正役員退職金

なお、社長の場合の功績倍率は、2倍から3倍が適正といわれていますが、はっきりとした基準はありません。課税庁は、過大役員退職金になるかどうかは同規模会社の状況や、在職中の功績など、個々の事情によって異なるとしていますので、会社の顧問税理士等とよく相談してください。

また、役員退職金の支給は株主総会の決議事項です。形式要件を整えておくために、死亡退職金の支給に関して株主総会議事録や取締役会議事録をきちんと整えておかないと、税務否認を受けることがありますのでご注意ください。

🏠 会社への貸付金、給与や家賃の未収分は必ずチェックを！

　会社の資金繰りが苦しいと、社長が会社へお金を貸し付けるといったことは、中小企業ではよく行なわれています。また、社長が積極的に貸し付けていなくても、給料が未払いになっていたりすると、それも会社が社長に支払わなければならないお金なので、会社への貸付金という手段をとるケースがあります。

　中小企業の社長や会長が死亡して相続税の申告書が提出された場合、税務署は真っ先に**被相続人から会社への貸付金がないか、給与や家賃の未収金がないか**を法人税の申告書からチェックします。

　相続が発生したときには、会社の業況が苦しくて、会社自体は債務超過のため株式の評価額は0というのはよくあるケースです。社長や会長の個人資産を会社につぎ込んでいるケースでは、会社へ貸し付けていた貸付金が数千万円、数億円ということも見受けられるので、くれぐれも見落とさないように注意してください。

🏠 事業承継税制って何？

　中小企業の社長が代替わりする際に、株式を承継（贈与や相続）する後継者は、その会社の株価が高ければ、高額な贈与税や相続税を支払わなければならないので、承継が大変だという問題があります。

　そのため、農地の納税猶予と同じように一定の条件を満たす場合には、その承継者の贈与や相続に対して、贈与税や相続税の納税を猶予しようという制度が「**事業承継税制**」です。

　この制度の要件が、平成30年から大幅に緩和され、使いやすくなったことから話題になっていますが、詳細は複雑なため中小企業の経営者の方は顧問税理士などに相談されるとよいでしょう。

音信不通の相続人がいたら、どうする？

　相続が発生した場合、遺言書がないケースが一般的ですが、遺言書がなければ、すべての相続人による遺産分割協議が整わない限り、不動産の名義変更はもちろん、預貯金をおろすことさえできません。

　では、相続人のなかに、「連絡が取れない」「行方がわからない」といった人がいる場合は、どうなってしまうのでしょうか？

　このような場合は、家庭裁判所に**失踪宣告**の申立てをするという方法が考えられますが、失踪宣告は「死亡」とみなされることであり、単に長期間行方不明であるというケースでは、失踪宣告の要件を備えているかという問題とともに、心理的な抵抗もあってなかなか踏み切ることはできません。

　このようなケースで一般的に行なわれているのは、「**不在者財産管理人**」を選任して、行方不明者になり代わって遺産分割協議を行なうというものです。

　通常は、弁護士や司法書士に不在者財産管理人になってもらい、その行方不明者の法定相続分相当額程度の遺産を、その行方不明者が現われたら相続できるように残しておく、といった遺産分割協議を行なうのですが、その遺産分割協議の内容について、家庭裁判所の許可を得なければ有効とはなりません。

　いずれにしても、法定相続人のなかに行方不明者がいるようなケースでは、いざ相続が発生したときには、非常に手続きがややこしいことになるので、**必ず遺言書を残しておく**ようにしたほうがいいでしょう。

4章

相続税節税の決定版
「小規模宅地の減額特例」とは

マイホームの敷地は8割引き？

自宅敷地を特定の人が相続すると特定居住用宅地に

　たとえば、都会の一等地で、1㎡あたりの相続税評価額が100万円（坪330万円）である自宅の敷地200㎡（60坪）を相続するとなると、それだけで相続税評価額が2億円になり、相続税を支払うために自宅を手放さなければならないという事態にもなりかねません。

　相続税法では、このような場合に考慮して被相続人（亡くなった人）の自宅敷地を特定の相続人が相続した場合で、一定の条件に該当する場合には、**その宅地のうち330㎡までの部分**については、その土地の**評価額の80％を減額**することにしています（敷地が400㎡といったように330㎡を超える場合でも330㎡までの部分は80％減額されます）。

　したがって、前述した1㎡あたりの相続税評価額が100万円の自宅敷地200㎡の土地については、この小規模宅地の減額特例が適用できなければ2億円の評価額となりますが、特例が適用できれば4,000万円（2億円×（1−80％））の評価額となるわけですから、東京都心などの地価の高い地域に自宅がある人にとっては、この小規模宅地の減額特例が適用できるかできないかで相続税が課税されるのかどうかが決まるといっていいぐらい重要な特例です。

　それでは、この特例はどのようなケースで適用できるのかその内容を詳しく見てみましょう。

　特定居住用宅地に該当して80％の評価減が受けられるケースは、次ページ図のとおり、被相続人の自宅の敷地をAの要件に該当する相続人が相続した場合に限ります。つまり、自宅敷地を相続する人がAの要件に該当しなければ、減額は一切ないことになります。

◎特定居住用宅地の適用要件◎

相続する土地の利用状況		相続する人	申告期限までの所有継続要件	申告期限までの居住継続要件	330㎡までの80%減額特例の適用
被相続人（亡くなった人）の自宅の敷地 被相続人の居住 被相続人所有 ※敷地を被相続人が所有し、その建物に被相続人が居住していれば、建物の所有者は問わない	A	①配偶者	不要	不要	有
		②同居親族	必要	必要	有
		③上記①、②がいない場合の持ち家なしの別居親族（通称「家なき子」（下記本文））	必要	不要	有
		Aに該当しない人	✕	✕	無

通称「家なき子」とは

　上の図にある通称「家なき子」とは、借家住まいの者のことを指しますが、次に該当する場合は「家なき子」には該当しません。

①相続開始前３年以内に、自己または３親等内の親族または特別な関係のある法人が所有する家屋に居住している者

②相続開始時において居住している家屋を過去に所有していたことがある者

　したがって、持ち家に住んでいた相続人が自宅を自分の子供に贈与して、家なき子になってから、たとえ３年たったとしてもダメということになります。

被相続人の自宅を共有で相続した場合はどうなる？

　たとえば、１㎡あたりの相続税評価額が50万円である200㎡の被相続人の自宅敷地を、配偶者と別居の長男が２分の１ずつ共有で相続した場合の特例適用は、どのようになるのでしょうか？

　この場合は、特定居住用宅地の要件に該当する相続人（以下「特例対象者」という）は、配偶者のみですから、配偶者が相続した持

分2分の1に対する100㎡分について80%の評価減が行なわれることになります。その結果、評価額は次のようになります。

---

① **配偶者が相続した分**（200㎡×1/2＝100㎡）**の評価額**
　　50万円×100㎡×（1－80%）＝1,000万円
② **長男が相続した分**（200㎡×1/2＝100㎡）**の評価額**
　　50万円×100㎡＝5,000万円
③　①＋②＝6,000万円

なお、この自宅敷地をすべて配偶者が相続した場合は、「50万円×200㎡×（1－80%）＝2,000万円」の評価額となりますが、別居の長男がすべて相続した場合は、特定居住用宅地に該当しないので「50万円×200㎡＝1億円」の評価額となってしまうわけです。

併用住宅の場合は自宅対応分のみが対象に

たとえば、被相続人所有の土地150㎡に5階建ての建物があり、1階から4階までが賃貸で、5階に被相続人が居住している場合に、特例対象者がその敷地を相続したときは、その敷地（150㎡）のうち居住用である5階に対応する敷地分（150㎡×1/5＝30㎡）のみが特定居住用宅地として80%減の対象となります。

4-2

特定居住用宅地の注意点

二世帯住宅や老人ホーム入居の 場合の適用は？

4章 ◆ 相続税節税の決定版「小規模宅地の減額特例」とは

母親が有料老人ホームへ転居した場合はどうなる？

そもそも特定居住用宅地としての小規模宅地の減額特例は、被相続人の自宅敷地を特例対象者が相続した場合に80％の減額が受けられるというものです。有料老人ホームなどの老人施設などに被相続人が転居していた場合には、もともと被相続人が住んでいた自宅は**相続開始時点においては自宅ではなくなっている**ので、小規模宅地の減額の対象にならないのではないか、という問題があります。

たとえば、父親が死亡して、その自宅を相続した母親が自宅で一人暮らしをしていたところ、だんだん足腰が弱ってきて一人暮らしが大変になった結果、有料老人ホームなどへ転居するというのは、よくあるケースです。

この場合は、母親の生活の本拠を有料老人ホームへ移してしまったわけですから、その時点でもともと母親が住んでいた自宅は母親の自宅ではなくなってしまいます。

しかし、平成26年の税制改正で、次の2つの要件を満たしている場合には、空家となった自宅もそのまま母親の自宅として認めるというようになりました。

①**被相続人が有料老人ホーム等へ転居した後、その家を貸し付けていないこと**

もともと被相続人と同居していた子供などの親族がそのまま住み続けるのはいいのですが、第三者への貸付だけではなく、母親が施設に移った後で子供などの親族がその家に移り住んだ場合はダメということになっています。つまり、母親が一人住まいであった場合は、空家のまま維持管理をしていなければ、自宅としては認めないということなのです。

②被相続人の相続開始の直前において介護認定を受けていること

　有料老人ホーム等へ入所したときは元気でも、相続開始（死亡）直前では、要介護認定あるいは要支援認定を受けている必要があります。

親所有の土地に親の家と子供の家が２軒ある場合は？

　下図のように、被相続人が所有する300㎡の敷地の上に被相続人である父が居住する家と長男が居住する家の２軒が建っている場合は、被相続人の居住する家屋に対応する敷地分のみが特例対象となる敷地となります。

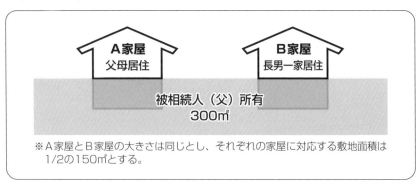

※A家屋とB家屋の大きさは同じとし、それぞれの家屋に対応する敷地面積は1/2の150㎡とする。

　この場合、配偶者である母が300㎡の敷地をすべて相続した場合は、被相続人の居住する家屋に対応する敷地分150㎡分について80％の減額が受けられますが、長男が300㎡の敷地をすべて相続した場合は、そもそも長男は同居親族ではないので、原則として80％の減額は一切受けられないことになります。

二世帯住宅は登記のしかたで取扱いが変わる

　二世帯住宅の場合、玄関が別々で建物のなかでは行き来ができず、１階には親世帯が居住し、２階は子供世帯が居住していているといったケースや、建物の左側と右側で独立しているといったケースがよくあります。

　このような場合、次ページ図のように区分登記をしているケース

◎区分登記と共有登記の違い◎

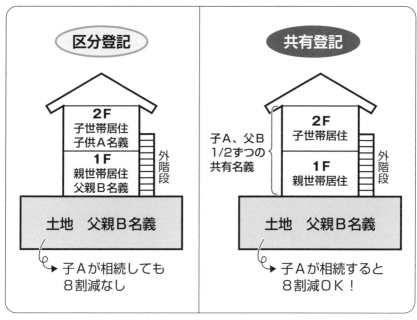

がありますが、区分登記をしている場合は別々の家とみなされて、前記の「親所有の土地に親の家と子供の家が2軒ある場合」と同じ取扱いになってしまいます。

　これが、共有登記であれば、ひとつの建物に親と子が同居しているとして取り扱われるので、2階に住んでいる子供が敷地を相続しても「同居親族」として80%の減額が受けられます。

　小規模宅地の80%減額を適用したいのであれば、二世帯住宅で親と子が建築資金を出し合う場合は、**区分登記するのではなく共有名義にする**ように気をつけてください。

個人事業や同族会社の敷地も8割引きになる？

特定事業用等宅地も400㎡までなら8割減

　小規模宅地の減額特例は、被相続人の自宅敷地だけが対象になるわけではありません。被相続人が商売をしていたお店の敷地や、被相続人の経営する会社の敷地として使用されていた土地についても、その敷地を相続する相続人がその事業を引き継ぐなどの一定の要件を満たせば、「**特定事業用宅地**」「**特定同族会社事業用宅地**」（以下、総称して「**特定事業用等宅地**」という）として、**その敷地のうち400㎡までの部分**について80％の減額を受けることができます。

　ただし、ここでいう「特定事業用等宅地」には、貸家やアパートの敷地、貸し駐車場などのいわゆる不動産賃貸業としての事業は入っていません。貸家やアパート、貸し駐車場（アスファルト舗装などの構築物のあるものに限る。以下同じ）などの土地は、通常の事業用の土地ではなく、貸付事業用宅地とされ、限度面積や減額割合が異なるので混乱を避けるため、次項で貸付事業用宅地として別に説明します。

特定事業用宅地とは

　400㎡までの部分について80％の減額が受けられる「特定事業用宅地」に該当する敷地とは、被相続人である本人が個人事業主として事業を行なっていた店舗や事務所の敷地を指しますが、この敷地を特定の相続人（以下「特例対象者」という）が相続した場合に限り適用が受けられます。この場合の特例の適用が受けられる相続人とは、

①その敷地の上で営まれていた被相続人の事業を承継し、

②かつ、申告期限まで事業を継続し、

③かつ、申告期限までその敷地を継続保有

していた場合の相続人です。したがって、この特例対象者以外の相続人がその敷地を相続しても、減額は一切受けられません。また、特定居住用宅地と同様、特例対象者とそれ以外の相続人が共有でその敷地を相続した場合も、特例対象者が相続した分しか適用は受けられません。

なお、個人事業主の事業承継が円滑に行なわれるようにと、平成31年１月１日より農地の相続税の納税猶予と同じように、一定の要件を満たす場合は**個人事業者の事業用資産**にかかる**納税猶予制度**が創設されました。ただし、この制度を適用する場合は「特定事業用宅地の80％減額の特例」の適用が受けられなくなりますので注意が必要です。また、平成31年４月１日以降の相続から相続開始前３年以内に新たに特定の事業用に供した土地については、「特定事業用宅地の80％減額の特例」が原則として使えなくなりました。

特定同族会社事業用宅地とは

400㎡までの部分について80％の減額が受けられる「特定同族会社事業用宅地」に該当する敷地とは、**特定同族会社**の店舗や事務所、倉庫などに使用されていた敷地を指しますが、この敷地を特定の相続人（以下「特例対象者」という）が相続した場合に限り適用が受けられます。この場合の特例の適用が受けられる相続人とは、
①申告期限において特定同族会社の役員
②かつ、申告期限までその敷地を保有し事業を継続

していた場合の相続人をいいます。したがって、この特例対象者以外の相続人がその敷地を相続しても減額は一切受けられません。また、特定居住用宅地と同様、特例対象者とそれ以外の相続人が共有でその敷地を相続した場合も、特例対象者が相続した分しか適用は受けられません。

なお、上記「特定同族会社」とは、被相続人一族が発行済み株式総数の50％超を所有している会社と考えればいいでしょう。

4-4

アパートや月ぎめ駐車場の敷地は 5割引き

貸付事業用宅地は200㎡まで50％減

　同じ事業でも、アパートや貸家の貸付といった不動産賃貸業は、**貸付事業用宅地**として特定事業用等宅地とは区別されています。

　貸付事業用宅地の場合は、特定事業用等宅地と異なり、特例対象者が相続した場合でも200㎡までの部分について50％の減額しか受けられません。この場合の特例対象者は、

①アパートや貸家、月ぎめ駐車場といった不動産賃貸業を承継し、

②かつ、申告期限まで事業を継続し、

③かつ、申告期限までその敷地を継続保有

　していた場合の相続人となります。

　したがって、その宅地を相続した相続人が申告期限までにその宅地を売却するとか、不動産の賃貸をやめてしまうといったことをしなければ、200㎡までの部分について50％の減額が受けられることになります。

　なお、不動産の貸付を事業的規模（貸室10室以上など）で行なっている場合を除き、貸付を開始してから3年を経過したものでなければ、貸付事業用宅地としての50％減額は適用されないのでご注意ください。

構築物のない青空駐車場は貸付事業用宅地にはならない

　小規模宅地の減額特例の対象となる宅地は、そもそも建物または一定の構築物の敷地でなければならないこととされています。

　この場合に貸付事業用宅地に該当するか否かで問題になるのが青空駐車場のケースです。

　その駐車場が、コンクリート敷きであるとかアスファルト敷きで

あるといった、一定の構築物の敷地となっていればいいのですが、敷地に単にラインを引いただけのものや砂利敷きといったものは、構築物の敷地とされるかどうか微妙であり、構築物の敷地として認められるのは、むずかしいと思われます。

自宅兼賃貸併用住宅の場合は？

80ページで、1階から4階までが賃貸で5階に被相続人が居住しているという場合に、特例対象者がその敷地を相続した場合には、その敷地（150㎡）のうち居住用である5階に対応する敷地分（150㎡×1/5＝30㎡）のみが特定居住用宅地として80％減の対象となると説明しましたが、1階から4階までの部分は貸付事業用宅地なので、事業継続および保有継続要件さえ満たせば、誰が相続したかにかかわらず、120㎡（150㎡×4/5＝120㎡）分について貸付事業用宅地として50％の減額が受けられます。

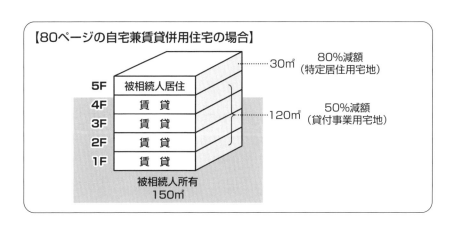

【80ページの自宅兼賃貸併用住宅の場合】

4-5 被相続人等の"等"って何のこと？

被相続人等の居住用、事業用宅地でも適用される

　小規模宅地の減額特例の規定は、「**被相続人等**の特定居住用宅地、特定事業用宅地、貸付事業用宅地」という言い方をしており、死亡した人（被相続人）が所有していた宅地を、死亡した人自身の居住用や事業用にしていなくとも、配偶者や同居の子供といった「**生計を一にする**」親族の居住用や事業用にしていた場合は、前記までの条件に当てはまれば、「被相続人等の特定居住用宅地」「被相続人等の特定事業用宅地」「被相続人等の貸付事業用宅地」として小規模宅地の減額特例の適用が受けられます。

　具体的には、下図のように、被相続人（死亡した人）甲が所有する土地の上に配偶者である乙が美容院を経営している場合の特定事業用宅地や、甲の所有する土地を同居する長男である丙が使用貸借で借りてアパートを建てて賃貸（ちんがし）している場合の貸付事業用宅地な

◎被相続人等である生計一親族が使用している宅地◎

配偶者乙が 美容院を 経営	同居の長男 丙が所有する アパート
被相続人甲所有 （特定事業用宅地）	被相続人甲所有 （貸付事業用宅地）
※生計を一にする親族である配偶者乙がその敷地を相続し、申告期限まで所有し、美容院を継続していれば、被相続人等の特定事業用宅地として400㎡まで80%の減額対象となる。	※生計を一にする親族である同居の長男丙が、その敷地を相続し、申告期限まで所有し、アパートの賃貸を継続していれば、被相続人等の貸付事業用宅地として200㎡まで50%の減額対象となる。

どが該当すると考えればいいでしょう。

 ## 「被相続人等」とは

　被相続人等とは、被相続人（死亡した人）のほかに、被相続人と生計を一にしていた親族を含めて被相続人等と呼んでいます。

　したがって、被相続人等といった場合には、被相続人の他に被相続人と生計を一にしていた親族も含まれます。

 ## 「生計を一にする」とは

　「生計を一にする」とはどういう意味かということについて、相続税法では明確に規定はしていません。通常は、所得税法の基本通達２−47という規定によるといわれています。

　この所得税基本通達の規定によれば、「生計を一にする」とは、必ずしも同一の家屋に起居していることをいうものではなく、次のような場合に該当することとされています。

(1)		勤務、修学、療養等の都合上、他の親族と日常の起居を共にしていない親族がいる場合であっても、次に掲げる場合に該当するときは、これらの親族は生計を一にするものとする。
	イ	当該他の親族と日常の起居を共にしていない親族が、勤務、修学等の余暇には当該他の親族のもとで起居を共にすることを常例としている場合
	ロ	これらの親族間において、常に生活費、学資金、療養費等の送金が行なわれている場合
(2)		親族が同一の家屋に起居している場合には、明らかに互いに独立した生活を営んでいると認められる場合を除き、これらの親族は生計を一にするものとする。

　上表が所得税法の規定をまとめたものですが、非常にわかりづらい言い回しです。同居している場合は特に問題はありませんが、別居している場合は、「生計を一にする親族に該当する」との主張を課税当局に認めさせるのはなかなか大変です。

　したがって、実際の申告において別居しているのに「生計を一にする親族である」との主張を展開するときは、税務署や税理士に相談することをお勧めします。

4-6

実際の計算例

複数の小規模宅地がある場合の 限度面積計算とは

減額適用は限度面積で打ち切られる

　小規模宅地の減額特例は、適用を受ける宅地の用途によって、受けられる面積の限度（特定事業用等宅地なら400㎡、特定居住用宅地なら330㎡、貸付事業用宅地なら200㎡まで）が決まっています。

　また、小規模宅地の減額特例は、被相続人が所有していたすべての宅地を通じて限度面積までの部分しか減額できません。

　つまり、被相続人がたとえ自宅の敷地やアパート、マンション等の敷地、自己の商売の敷地など、いくつもの場所に何千㎡も所有していたとしても、これらの宅地のなかからすべての相続人を通じて200㎡（特定居住用宅地を選択した場合は330㎡、特定事業用等宅地を選択した場合は400㎡）分しか減額対象にはなりません。

　ただし、**特定居住用宅地と特定事業用等宅地は併用が可能**なため、限度面積は両方合わせて730㎡となります。

　限度面積と適用要件をまとめると、下表のとおりです。

◎3種類の小規模宅地の適用関係◎

相続する土地	特例の適用が受けられる相続人	土地の相続評価	上限面積	
特定事業用等宅地（商店、会社、工場の敷地など）…A	●申告期限まで保有、事業継続（特定同族会社事業用宅地の場合は申告期限において同族会社の役員であること）	80%減	400㎡	併用可能
特定居住用宅地（自宅の敷地）…B	●配偶者 ●同居親族（申告期限まで保有、居住） ●持ち家なしの別居親族（上記の人がいない場合で、申告期限まで保有）	80%減	330㎡	
貸付事業用宅地（アパート、駐車場などの賃貸事業の敷地）…C	●申告期限まで保有、事業継続	50%減	200㎡	

90

なお、複数の小規模宅地がある場合の限度面積の調整計算は、次の算式によることとされています。

$$
A \times \frac{200}{400} + B \times \frac{200}{330} + C \leqq 200\,\text{㎡}
$$

　たとえば、被相続人の自宅の敷地が247.5㎡で貸家の敷地が180㎡の場合で、どちらも特定居住用宅地の80％減額と貸付事業用宅地の50％減額の適用要件を満たしているとした場合に、自宅の敷地247.5㎡について特定居住用宅地の80％減額を適用した場合は、貸付事業用宅地として50％減額できる限度面積は以下の計算のとおりです。

　247.5㎡（B）×200／330＋C＝200㎡　　　C＝50㎡

　つまり、自宅の敷地247.5㎡に対して特定居住用宅地の80％減額を適用した場合は、貸家の敷地180㎡のうち50㎡について50％減額が適用できるということになります。

4-7

特例の適用要件

遺言があるか遺産分割協議が成立していなければ適用できない

🧑 遺産分割協議（遺言）＆申告書提出が必要

　小規模宅地の減額特例は、あくまでも特例ですから、要件を満たしていないと適用できません。その大きな要件は次の２つです。

①申告期限までに遺産分割協議が成立している（または遺言書がある）こと

②相続税の申告書に小規模宅地の減額特例を受ける旨を記載して、所定の必要書類を添付して相続税の申告を行なうこと

　なお、申告期限までに遺産分割協議が成立しなかった場合は、小規模宅地の減額特例は適用できず、未分割による申告を行なうことになります。ただし、相続税の申告期限までに「**申告期限後３年以内の分割見込書**」を提出していれば、３年以内に遺産分割協議が成立した場合は、小規模宅地の減額特例を適用して申告をし直すことができます。

　また、３年以内に遺産分割協議が成立しなかった場合は、原則として、小規模宅地の減額特例は適用できませんが、遺産分割についての調停や裁判が長引いていたり、病気加療中や失踪中の相続人がいて、遺産分割協議ができないなどのやむをえない事情がある場合には期限を延長することができます。

　評価の高い都心に土地を所有し、自宅として利用していたり、商売を行なっていた場合などは、小規模宅地の減額特例の適用ができるか否かで何千万円もの相続税が違ってくるということもよくあります。したがって、遺言書を作成しておくことが望ましいのですが、遺言書がない場合は、"争族"とならずに、スムーズに遺産分割協議を終えたいものです。

5章

贈与税と相続時精算課税制度の
しくみを知っておこう

贈与税と相続税は
どのように違うの？

贈与税は相続税の補完税だから高い！

　被相続人が元気な間に、配偶者や子供たちに財産を分け与えると、亡くなったときの相続財産が減り、相続開始時に相続税がかからなくなったり、かかっても税負担が軽くなることが予測できます。

　このように、生前に贈与することによって財産を分散した場合とそうでない場合とでは、税負担に大きな不公平が起こることを防ぐため、相続税法のなかでその課税されない部分を補完できるしくみをつくりました。それが「贈与税」の目的です。

　そのため、贈与税は相続税に比べると課税最低限も低く設定され、税の累進性の勾配も相続税率よりかなり急になっています。

　また、相続開始前3年以内の贈与は、相続税の課税価格に算入されるという規定も定められています（令和6年より段階的に7年に延長）。しかし、“相続税対策の基本は生前贈与にあり”（7章参照）といわれており、贈与税をいかにうまく活用するかが相続税対策のポイントになります。

年間110万円以上の贈与を受けると課税される

　贈与税は、その年の1月1日から12月31日までの1年間に、贈与を受けた金額が110万円を超えると課税されます（**暦年課税**）。

　つまり、**基礎控除額が110万円**となっていますから、贈与を受けた金額が110万円以下の場合は、その年の贈与税はゼロとなります。

　贈与を受けた金額が110万円を超えた場合は、課税価格から贈与税の基礎控除110万円を差し引いた額に贈与税の税率をかけると、納付すべき贈与税額が算出できます。

　ただし、贈与を受けた財産が不動産や非上場株といった場合には、

3章で説明したように、この計算の基礎となる課税価格の算出がむずかしいので注意が必要です。

 ## 贈与税はもらった人が支払う

　贈与税は、その年の1月1日から12月31日までの1年間の贈与をまとめて、翌年の2月1日から3月15日までに、所轄の税務署に申告し、納付しなければなりません。

　ときどき、贈与税を支払うのは贈与した側と勘違いしている人がいますが、贈与税はもらった人が支払うものです。

　したがって、あげた人がもらった人の贈与税を払ってやれば、それも贈与税の対象となりますのでご注意ください。

 ## 「誰からもらうか」によって税率が変わる

　平成26年までは、誰から贈与を受けようが贈与税の税率は同じでしたが、平成27年（2015年）からは、20歳（令和4年4月1日からは18歳）以上の者が直系尊属（父母、祖父母、曽祖父母）から贈与を受けた場合の贈与税の税率が引き下げられたため、誰からもらったかによって贈与税の計算が変わるという複雑なことになりました。

　下表の贈与税の速算表を参考に、パターン別に贈与税の計算をしてみましょう。

【贈与税の速算表】

一般の場合（右記以外）の贈与			18歳以上の者が直系尊属から受ける贈与		
基礎控除後の課税価格	税率（%）	控除額（万円）	基礎控除後の課税価格	税率（%）	控除額（万円）
200万円以下	10	―	200万円以下	10	―
300万円以下	15	10	400万円以下	15	10
400万円以下	20	25	600万円以下	20	30
600万円以下	30	65	1,000万円以下	30	90
1,000万円以下	40	125	1,500万円以下	40	190
1,500万円以下	45	175	3,000万円以下	45	265
3,000万円以下	50	250	4,500万円以下	50	415
3,000万円超	55	400	4,500万円超	55	640

【例題】（家族の関係は、以下のとおりです）

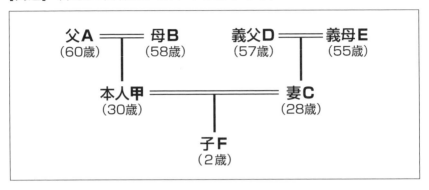

【例1】
　受贈者甲が令和5年中に父Aから500万円、母Bから300万円、合計800万円の贈与を受けた場合の甲が納める贈与税は次のとおりです。
＜特例税率での計算＞
　500万円＋300万円＝800万円
　800万円－110万円（基礎控除額）＝690万円
　690万円×30％－90万円＝**117万円**

【例2】
　受贈者甲が令和5年中に義父Dから500万円、義母Eから300万円、合計800万円の贈与を受けた場合の甲が納める贈与税は次のとおりです。
＜一般税率で計算＞
　500万円＋300万円＝800万円
　800万円－110万円（基礎控除額）＝690万円
　690万円×40％－125万円＝**151万円**

【例3】
　受贈者甲が令和5年中に父Aから500万円、義父Dから300万円、合計800万円の贈与を受けた場合の甲が納める贈与税は次のとおり

です。

＜特例税率と一般税率の混合計算＞

①直系尊属からの贈与分の計算（特例税率で計算）

　　［(500万円＋300万円) －110万円］×30％－90万円＝117万円

　　117万円×500万円／(500万円＋300万円) ＝73万1,250円

②一般贈与分（義父Ｄからの贈与）の計算

　　［(500万円＋300万円) －110万円］×40％－125万円＝151万円

　　151万円×300万円／(500万円＋300万円) ＝56万6,250円

③最終贈与税額

　　①＋②＝**129万7,500円**

> **注意！**
>
> ## 特例税率の適用を受けるためには戸籍謄本等の提出が必要！
>
> 　18歳以上の者が直系尊属から贈与を受ける場合には、特例税率が適用されることになるので、その関係を明らかにするために、贈与税の申告書に贈与を受けた者（受贈者）の戸籍の謄本または抄本等を添付する必要があります。
>
> （注１）　直系尊属からの贈与が年410万円、直系尊属およびその他の者からの贈与の合計が年410万円を超える場合に添付が必要です。
>
> （注２）　過去に提出している場合は、その提出した年分および提出した税務署を記入すれば、重ねて提出する必要はありません。

5-2

父親から相場より安い値段で土地を買うとどうなる？

低額で譲り受けると贈与とみなされる

たとえ法律の形式上では贈与という形をとっていない場合でも、実質的に贈与と同じとみなして贈与税をかけられる場合があります。

この典型的なケースの1つが、親子や兄弟などの**特殊関係者の間での土地の売買**です。

たとえば、時価3,000万円の土地を、1,000万円で親が子に売った場合、たとえ売買契約書をつくり、所有権移転登記もきちんと行なったとしても、つまり贈与という形式ではなく売買契約という形式をとっても、時価との差額2,000万円が贈与とみなされます。

どれくらい安く買うと贈与とされるのか？

このような「**低額譲渡**」について、相続税法では「著しく低い価額」で売買した場合に課税すると規定されていますが、ではどのくらいが「著しく低い」と判断されるのかは、むずかしいところです。

通常、「時価」がみなし贈与課税の場合の基準になりますが、ここでいう時価は3章で説明した相続税評価額ではなく、「**通常の取引価格**」とされています。これは、いわゆる実勢価格といわれるもので、私たちがよく口にする「相場」と同じと考えていいでしょう。

相場には幅があるものですが、税法でいうところの時価より「**著しく低い価額**」の幅の限度は、世間相場の2割程度と考えるのが妥当なところではないかと思われます。つまり、世間相場が3,000万円だとすると、2,500万円前後くらいから税務否認を受ける可能性が高くなってくると考えられます。

よく「親（または兄弟）から土地を買うのですが、いくらで購入すれば贈与といわれないでしょうか？」という質問を受けますが、

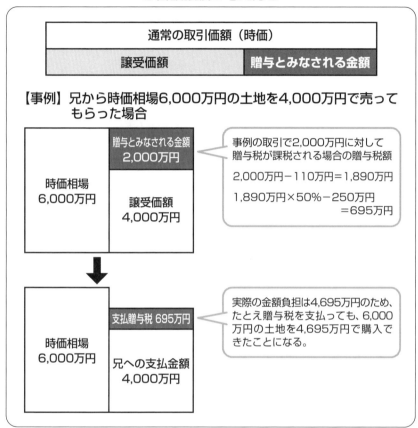

◎低額譲渡の考え方◎

通常の取引価額（時価）

| 譲受価額 | 贈与とみなされる金額 |

【事例】兄から時価相場6,000万円の土地を4,000万円で売ってもらった場合

時価相場
6,000万円

贈与とみなされる金額
2,000万円

譲受価額
4,000万円

事例の取引で2,000万円に対して贈与税が課税される場合の贈与税額

2,000万円－110万円＝1,890万円

1,890万円×50％－250万円
＝695万円

時価相場
6,000万円

支払贈与税 695万円

兄への支払金額
4,000万円

実際の金額負担は4,695万円のため、たとえ贈与税を支払っても、6,000万円の土地を4,695万円で購入できたことになる。

「著しく低い価額」の明確な判断基準はありませんので、世間相場より安く売買すればするほど、税務否認を受ける可能性が高くなってくると考える必要があるでしょう。

　しかし、発想を変えれば上図のように、たとえ贈与税を課税されて贈与税を支払ったとしても、まだ相場より安い金額の支払いで済んでいるわけですから、本当にお金を支払って購入するのであれば、要は贈与税を払いたくないと頑なに考えるのではなく、贈与税を取られても得をするという割り切りで譲渡価格を決めるほうが、カシコイやり方といえるのではないでしょうか。

親からの借入れは要注意！

税務署は親子間の借入れを贈与とみている

　「マイホームを購入するのですが、父親が1,000万円を出してやると言っています。父親との間で借用書をつくっておけば、贈与といわれないでしょうか？　あるいは、公正証書にしておけば税務署に対して安心でしょうか？」といった質問を受けることがあります。

　子供が親から金銭援助を受けるとき、借用書をつくれば贈与とみなされないと考えている人が少なくありませんが、このような場合は形式ではなく "真実は何か" が問題となります。

　つまり、いくら借用書をつくったり、それを公正証書にしたりしても、もともと本人に返す気がないのであれば、実体は親からの贈与ですから、あとで税務署から贈与税を課税されると思わなければなりません。

　反対に、本当に返済していくのであれば、それが真実ですから、借用書などがなくても贈与税を支払う必要はありません。ただし、税務署との無用のトラブルを避けるためにも、借用書をつくって、毎月きちんと親の口座に振り込むことが賢明です。

　もっとも、いくら本人が親に返済するのだといっても、返済を行なえば生活ができなくなると考えられるような収入しかない場合は、親からの借入れではなく贈与と認定されるのでご注意ください。

　なお、親子間の借入れが真実であったとして、利息をとらなかった場合はどうなるのでしょうか？

　第三者からお金を借りるのであれば当然、利息を支払うわけですから、利息を払わずにお金を借りれば、理論的には通常の利息相当の "経済的利益" の贈与を受けたものとみなされます。

　しかし、実際に贈与税の課税の指摘を受けるか否かは、その経済

的利益である利息の額が相当高額にのぼるかどうかによるものと考えられます。

購入資産の買入価額などについての「お尋ね」に要注意

　子供が親から金銭援助を受けるケースというのは、子供が自宅などの不動産を購入する際に、その購入資金の一部を親から出してもらうというケースが一般的です。

　それでは、親から金銭援助を受けたということが、なぜ税務署にわかってしまうのでしょうか？　「黙っていれば、わからないのではないか？」という気がします。

　通常、不動産を購入すると、税務署から「**お買いになった資産の買入価額などについてのお尋ね**」というものが送られてきます。

　これには、「支払金額の調達方法」を記載するようになっており、購入資金の一部を親からの資金援助によってまかなっている場合には、その金額を「親からの贈与」と記載するか「親からの借入れ」と記載するかのいずれかになるわけですが、「親からの借入れ」と記載すれば、それが真実かどうかを税務署が確認してくるというわけです。

父親が借地している底地を子供が購入したら贈与税が課税される？

贈与税を課税されないためにはどうする？

　父親が地主から借地をして自宅を建てている場合に、地主から「土地（底地）を買い取ってほしい」という要望があることがあります。

　このような場合、父親に資力があれば父親が底地を買い取りますが、父親が引退して年金生活になっていて資力がないなどの場合には、子供が地主から底地を買い取るといったことがよくあります。

　この行為自体は税務上、何の問題もないのですが、子供が地主から底地を購入すれば、新たに子供が地主になるわけですから、借地人である父親は地主である子供に、いままで**地主に支払っていたのと同じように地代を支払う**必要があります。

　しかし、このようなケースの場合は親子だからということで、借地人である父親が子供に地代を支払うのをやめてしまうことが多いようです。

　借地人である父親が地主である子供に地代を支払うのをやめてしまうと、税務上は父親の借地権が消滅することとされ、その結果、**借地権を子供に贈与**したものとして、子供に贈与税が課税されることになってしまいます。

　贈与税の課税を避けるためには、いままでどおり地代を支払い続けるか、地代を支払うのをやめる場合には、底地の取得者である子供が「**借地権者の地位に変更がない旨の申出書**」を税務署に提出すれば、いままでどおり父親に借地権があるものとして贈与税が課税されることはありませんので、注意してください。

◎ 「借地権者の地位に変更がない旨の申出書」 ◎

借地権者の地位に変更がない旨の申出書

令和　年　月　日

＿＿＿＿＿税務署長　殿

(土地の所有者)
＿＿＿＿＿＿＿＿＿＿＿＿＿＿＿＿は、令和　年　月　日に借地権の目的となっている
(借地権者)
下記の土地の所有権を取得し、以後その土地を＿＿＿＿＿＿＿＿＿＿＿＿＿に無償で貸し

付けることになりましたが、借地権者は従前の土地の所有者との間の土地の賃貸借契約に

基づく借地権者の地位を放棄しておらず、借地権者としての地位には何らの変更をきたす

ものでないことを申し出ます。

記

土地の所在＿＿＿＿＿＿＿＿＿＿＿＿＿＿＿＿＿＿＿＿＿＿＿＿

地　積＿＿＿＿＿＿＿＿＿＿＿＿＿㎡

土地の所有者(住所)＿＿＿＿＿＿＿＿＿＿＿＿＿(氏名)＿＿＿＿＿㊞

借地権者(住所)＿＿＿＿＿＿＿＿＿＿＿＿＿(氏名)＿＿＿＿＿㊞

（国税庁タックスアンサー・ホームページより）

贈与税がかからないケースを知っておこう

 財産の性質や目的で贈与税の課税に不適当なもの

　贈与によってもらった財産と、贈与とみなされる財産には、贈与税がかかるというのが基本ですが、お年玉やお誕生日プレゼント、お中元やお歳暮でもらったものにまで贈与税はかからないと思うのが世間一般の常識です。

　税法もこの常識にそって、財産の贈与があったからといって、杓子定規にすべてのものに贈与税をかけるとは決めていません。

　その財産の性質や贈与の目的などによって、贈与税の課税が似合わないものをあらかじめ特定して、税法上、贈与税をかけないことにしているのです。

 親からもらった生活費等には贈与税はかからない

　親は子供の生活費や教育費を出していますし、夫（または妻）は妻（または夫）に生活費を渡しています。これも厳密にいうと「贈与」ですが、扶養義務者（配偶者、親・子・孫などの直系血族、兄弟姉妹など）の相互間において、生活費や教育費をそのつど負担した場合は、それらが社会常識の範囲内である限り、税法では非課税とされています。

　この社会常識の範囲は非常に幅があると思われますが、税法では「通常必要なもの」と規定しています。このような規定をおいている理由は、生活費や仕送りなどの教育費という名を借りて、多額の財産を親から子へ、祖父母から孫へ、夫から妻へと移される可能性があるからです。

　たとえば、一人暮らしで東京の大学に通っている息子に、仕送りとして父親が毎月200万円送ったらどうでしょう。研究費や特殊な

事情を立証しない限り、贈与税を課税される可能性が高いといえます。

このように、「通常必要な」限度を超えて財産の移動があった場合は、その名目がいくら学費だ生活費だと言い張っても、税務署は見逃してくれませんので注意してください。

他にもまだある贈与税の非課税財産

贈与税が非課税となるのは、生活費・教育費以外にもまだあります。

たとえば、「**法人からの贈与財産**」は、贈与税が相続税の補完税という位置づけにあるため、贈与税は課税されないことになっています。なぜなら、会社は法人ですから、相続税の対象とはなりません。したがって、相続税の補完税である贈与税も課税することができないのです。

それでは、法人から贈与を受ければまったく税金を払わなくていいかといえば、そうではありません。

法人（会社）から個人に贈与された財産は、贈与税の対象ではなく**所得税の対象**となります。その法人から贈与を受けた個人が「会社の役員や従業員」である場合は給与所得として、その他の個人であれば一時所得として、所得税が課税されることになるわけです。

累積で2,500万円までの贈与が非課税に！

「相続時精算課税制度」って何ですか？

「相続時精算課税制度」とは、平成15年度税制改正において経済活性化のために新たに創設された制度です。

従来、贈与税は相続税の課税を免れるための生前贈与を防ぐという趣旨から、相続税より高い税率が課されていました。このためわが国では、高齢者から次世代への財産の受け渡しは、相続を通じて行なわれるのが一般的になっています。

この贈与税と相続税の垣根を取り払い、早めに若い世代に財産を移転しやすくしようというのがこの制度の狙いです。つまり、お年寄りから若い世代に早めに現金や預金を移転させることにより、それをどんどん消費に使ってもらおうというわけです。

相続税と贈与税を一体化した制度

相続時精算課税制度とは、**相続税と贈与税を一体化した**ものです。つまり、"相続財産の前渡し"ということであるため、贈与時には贈与税を課税しないで、次ページの図のように、相続が発生したときに贈与していた財産も**相続財産に合算して相続税を計算**するというものです。

この相続時精算課税制度を選択して贈与を受けた場合、2,500万円（相続発生時までの累計）が生前贈与の非課税枠となります。

相続時精算課税においては、あくまでも**贈与は相続財産の前渡し**としてとらえるわけですから、本来、贈与時には贈与税を課税する必要はありません。しかし、いざ相続税を課税しようとするときに、贈与を受けていた相続人が財産を全部使ってしまっていて、相続税を納税できないと国として困るため、贈与を受けた財産の累計が

◎相続税と贈与税の一体化とは◎

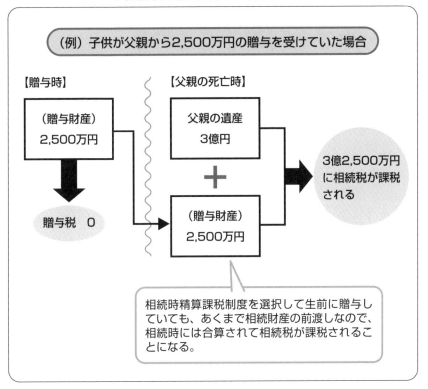

（例）子供が父親から2,500万円の贈与を受けていた場合

【贈与時】

（贈与財産）
2,500万円

贈与税　0

【父親の死亡時】

父親の遺産
3億円

＋

（贈与財産）
2,500万円

3億2,500万円
に相続税が課税
される

相続時精算課税制度を選択して生前に贈与し
ていても、あくまで相続財産の前渡しなので、
相続時には合算されて相続税が課税されるこ
とになる。

2,500万円を超える場合には、仮に納税をしておいてもらおうとい
う考え方から、贈与の累計が2,500万円を超えた以後の贈与には、
20％の税率で相続のときまで仮に贈与税を払ってもらおうという
ことになっています。

　そして、相続を迎えたときには、相続時精算課税制度による生前
贈与財産は相続財産にすべて合算して相続税の計算を行ないます。

　もちろん、その際に算定された相続税額からは、相続時精算課税
制度によって仮払いしていた贈与税を差し引くことになります。

5-7

相続時精算課税制度は
誰でも利用できるの？

60歳以上の父母、祖父母から18歳以上の子、孫へ

　「相続時精算課税制度」は、贈与をする人が60歳以上の父、母、祖父、祖母で、贈与を受ける人が18歳以上の子供か孫の場合に、適用を選択することができます。

　この年齢は、贈与があった年の1月1日現在のものを指しますが、贈与を受ける者が124ページの住宅取得資金贈与の特例に該当する住宅を購入するときに相続時精算課税制度を選択する場合は、その贈与者からの贈与については、60歳以上という年齢要件はなくなることになっています。

　贈与者は「父または母」「祖父または祖母」ですから、父、母、祖父、祖母から別々に贈与を受けて、この制度を利用することもできます。つまり、父からの贈与は相続時精算課税制度の適用を選択し、母からの贈与は選択しないで従来の贈与税の制度（一般贈与）を適用するといったことも可能なわけです（祖父母からの贈与も同じです）。

　この相続時精算課税制度は、選択して初めて適用できるものですから、その届出をしなければ従来からの一般贈与の適用となります。

　なお、相続時精算課税制度を選択した場合は、その贈与者から贈与してもらった金額を毎年累積し、累積された贈与金額が2,500万円を超えた場合には、20％の税率で贈与税を仮に納税し、相続発生時に精算することになります。

　ということは、父から2,500万円、母から2,500万円、父方の祖父から2,500万円、父方の祖母から2,500万円、母方の祖父から2,500万円、母方の祖母から2,500万円、合計1億5,000万円までは、この制度を利用することによって、相続の開始時まで贈与税を払うことな

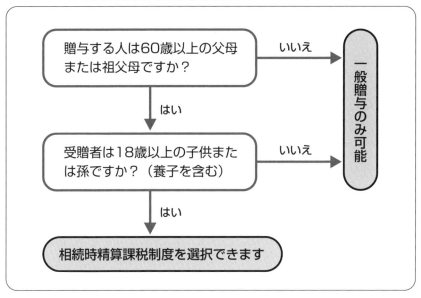

◎相続時精算課税制度選択のフローチャート◎

贈与する人は60歳以上の父母または祖父母ですか？ → いいえ → 一般贈与のみ可能

↓ はい

受贈者は18歳以上の子供または孫ですか？（養子を含む） → いいえ → 一般贈与のみ可能

↓ はい

相続時精算課税制度を選択できます

く財産を有効活用できるというわけです。

　ただし、孫が相続時精算課税制度を選択した場合は、**相続税の２割加算**の規定（☞44ページ）が適用されます。つまり、相続時精算課税制度の適用を受けている孫の祖父（または祖母）が死亡したときの孫が支払う相続税は、通常の２割増しになってしまうので、相続税が課税されるほどの遺産があるケースでは、孫に対し相続時精算課税制度を使って贈与を行なう場合には、相続税が高くなってしまうというデメリットがあるので気をつけて行なう必要があります。

適用を受けるためには届出が必要

　相続時精算課税制度の適用を受けるためには、この制度を選択した最初の贈与があった年の翌年２月１日から３月15日までに、贈与を受けた子や孫が所轄の税務署長に対して、その旨の届出書を贈与税の申告書に添付して提出しなければなりません。

　たとえば、父から1,000万円の贈与を受けた場合に「相続時精算

課税を適用すると、父親の死亡時に相続税の対象となるから黙っていよう。もし、税務署にバレたら相続時精算課税制度を適用すればいいだろう。1,000万円なら贈与税も払わなくていいはずだ」といったことを考える人がいます。

ところが、相続時精算課税制度は贈与を受けた年の翌年2月1日から3月15日までの間に相続時精算課税制度を適用する旨の届出と申告をしなければ認められないので、申告をしないでバレたときに「相続時精算課税制度によるものだ」といっても、それは認められず、一般贈与として通常の贈与税のほかに無申告加算税、延滞税といった罰金もかかりますので注意してください。

なお、相続時精算課税制度の適用となる財産については、その種類、金額、贈与回数に制限はありません。つまり、相続開始の日が訪れるまで、何回贈与を受けても、その累計額が2,500万円を超えない限り贈与税を支払う必要はないのです。

また、相続時精算課税の申告をする際には、申告書に受贈者の戸籍の謄本または抄本を添付する必要があります。

令和6年から相続時精算課税に基礎控除が創設される

相続時精算課税制度は、一度、相続時精算課税制度を選択すると、その選択をした父母等からの贈与については、**一般贈与（暦年贈与）に戻ることはできず**、その選択した父母等が死亡するまで、その贈与者からの贈与は相続時精算課税制度による贈与ということになります。

相続時精算課税制度は、2,500万円まで非課税で贈与できますが、これはあくまでも相続財産の前渡しにすぎないので、その贈与者が死亡したときには、すべて相続財産に加算されることとなっています。

また、一度、相続時精算課税制度を選択すると、年間110万円以下の少額の贈与でも毎年、申告をする必要があり、累積で2,500万円を超えた年以降は、少額の贈与であっても20％の税率による仮払

い贈与税を支払う必要があります。

　このように相続時精算課税制度は、一般贈与とは違い、贈与額がすべて相続財産に加算されるため、相続税の節税にはならないだけでなく、使い勝手も悪いことから、一般贈与の10分の1以下の利用となっていました。

　ところが令和5年の税制改正において、相続時精算課税制度を推進する観点から、相続時精算課税選択者が令和6年1月1日以後に、相続時精算課税を選択した父母等から贈与を受けた場合は、**一般贈与の基礎控除とは別に年間110万円の基礎控除を受けられる**ことになりました。

　たとえば、父親からの贈与は相続時精算課税を選択し、母親からの贈与は一般贈与であった場合は、母親からの贈与に対する一般贈与の基礎控除110万円とは別に、父親からの相続時精算課税による贈与に対しても110万円の基礎控除が受けられることとなります。

　しかも32ページで説明したように、一般贈与については相続人に対する3年以内（令和12年までに段階的に7年に延長。以下同じ）の贈与は、相続財産に加算されるという"持戻し"規定があります。

　そのため、母親からの贈与は3年間の持戻し期間が過ぎるまでの分は、相続財産に加算されるのに対して、父親からの相続時精算課税制度による贈与は110万円の基礎控除によって、110万円までの相続時精算課税贈与は申告しないでよいだけではなく、**父親の死亡時にも持戻し不要**となりました。

　ただし、これはあくまでも相続時精算課税制度のなかでの基礎控除であるため、たとえば相続時精算課税を選択していた父親から、その後に受けた贈与が110万円以下の年については、父親の相続時には加算されませんが、300万円の贈与を受けた年であれば190万円（300万円－110万円）が加算されることになります。

　このため、令和6年からは大資産家を除き、次ページの例題にあるように、相続人である子に対しては、一般贈与よりも相続時精算

課税制度を選択したほうが有利になるケースが多くなると考えられます。

【例題】

　子Bは父親Aから、令和4年に評価額2,000万円の土地の贈与を受け、相続時精算課税制度を選択して申告を行なった。

　その後、令和9年まで父親Aから下図にあるように毎年、相続時精算課税による贈与を受けていたが、令和10年に父親が死亡した。

　この場合、父親の死亡時に加算される相続時精算課税による贈与の金額はいくらになるか？

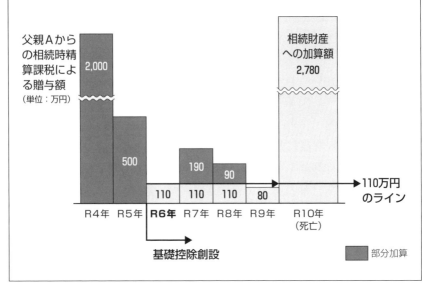

父親の死亡時に加算される相続時精算課税による贈与の金額は以下のとおりです。

【加算される累計贈与額】

●令和4年…2,000万円

●令和5年……500万円　＜累計＞2,500万円

●令和6年……110万円　＜累計＞2,500万円＋（110万円−基礎控除110万円）＝2,500万円
（基礎控除以下のため相続時精算課税贈与の申告不要）

●令和7年……300万円　＜累計＞2,500万円＋（300万円−基礎控除110万円）＝2,690万円
（基礎控除を超えているため相続時精算課税贈与の申告必要＝仮払贈与税38万円）

●令和8年……200万円　＜累計＞2,690万円＋（200万円−基礎控除110万円）＝2,780万円
（基礎控除を超えているため相続時精算課税贈与の申告必要＝仮払贈与税18万円）

●令和9年…… 80万円　＜累計＞2,780万円＋（80万円−基礎控除80万円）＝2,780万円
（基礎控除以下のため相続時精算課税贈与の申告不要）

●令和10年……父親死亡
・相続財産に加算する相続時精算課税贈与の累計額
　→2,780万円
・相続税から控除される仮払贈与税額
　→38万円＋18万円＝56万円

土地建物が災害で一定以上の被害を受けた場合は？

　相続時精算課税により贈与した財産は、あくまでも贈与したときの評価額で相続財産に加算されることになっています。

　このため、たとえば贈与を受けた建物が相続開始時までに、災害等により滅失してしまったとしても、贈与時の評価額で相続財産に加算する必要がありました。

113

しかし、令和6年1月1日以降に起きた災害によって土地や建物が一定の被害を受けた場合は、**贈与時の評価額から災害による被害額を控除した残額で再評価する**ことが認められることになりました。

6章

贈与税の非課税特例を
十分に活用しよう！

配偶者への住宅等の贈与には大きな非課税枠がある!

結婚20年以上なら2,110万円まで贈与税ゼロ

　贈与税には、結婚記念の大きなプレゼントとして、贈与税がかからない「**配偶者控除**」という制度があります。

　これは、婚姻期間が20年以上の配偶者から居住用不動産(自分が住むための家屋や敷地)または居住用不動産を取得するための資金の贈与を受けた場合、一定の条件を満たすと、贈与を受けた居住用不動産または取得資金から2,000万円の控除が受けられるという制度です。

　贈与税にはもともと110万円の基礎控除がありますので、実質的には2,110万円(2,000万円+110万円)までの贈与については贈与税がかからないことになります。

　たとえば、結婚20年以上の夫婦が4,000万円で自宅を新築しようという場合には、建築資金のうち2,000万円分を夫から妻に贈与し、それぞれ2分の1ずつの共有持分として建物の登記をすれば、妻に対する贈与には贈与税がかからないというわけです。

配偶者控除を受けるための5つのポイント

　贈与税の配偶者控除の適用を受けるためには、以下の①から④の要件を満たし、かつ、⑤の申告書提出の要件も満たさなければなりません。

①婚姻期間20年以上の配偶者からの贈与であること

　婚姻期間は、婚姻の届出書を提出した日から、贈与のあった日までの期間で判定されます。また、この特例は、内縁関係の場合には適用されません。

②贈与を受ける財産が、居住用不動産または居住用不動産を取得す

るための金銭であること

　居住用不動産の贈与は建物のみ、敷地のみでもかまいませんが、敷地のみの場合には、その敷地上の建物の所有者が、贈与をした者か同居する親族でなければなりません。また、敷地には借地権も含まれます。

③贈与を受けた年の翌年３月15日までに居住し、その後も住み続ける予定であること

④同じ配偶者から過去にこの適用を受けていないこと

⑤贈与税の申告書を提出すること

　贈与する居住用不動産または建築（購入）資金が2,110万円以下であるため、贈与税がゼロとなる場合であっても、申告が必要です。

【申告書への添付書類】

①受贈者の戸籍の謄本または抄本

②受贈者の戸籍の附票の写し

③贈与を受けた不動産の登記事項証明書等

配偶者控除でタダになるのは贈与税だけ

　結婚20年以上の場合に認められる配偶者控除の特例は、たいていの人が「2,000万円以内の贈与であれば税金はタダ」と思い込んでいるようです。

　たしかに、配偶者控除で贈与税はタダになります。しかし、自宅の土地や建物を贈与するということは、不動産の名義変更を伴いますから、その名義変更に対して登録免許税や不動産取得税が課税されます。

　もちろん、これらの税金はタダにはなりませんから、一般的には数十万円の費用がかかることになります。配偶者控除を活用した贈与を行なう場合には、これらの税金と司法書士などへの手数料も調べたうえで実行するのが賢明です。

教育資金の一括贈与で
相続税の直前対策が可能⁉

将来の教育資金のための一括贈与が非課税に

　104ページでも説明したように、扶養義務者（配偶者、親・子・孫などの直系血族、兄弟姉妹など）の相互間で生活費や教育費を負担しても贈与税は非課税とされています。

　たとえば、祖父が何百万もする大学の医学部に入学した孫の入学金や授業料を負担しても、原則として贈与税は課税されません。ただし、この非課税の対象となるのは、生活費や教育費として**必要なつど直接**これらに充てるためのものに限られます。

　しかし、医学部のある有名私立大学の付属幼稚園に入学した孫に、医者である70歳の祖父が、「将来、この孫にはできれば医者になってもらいたいが、幼稚園に入学したばかりの孫が大学に入るのはまだずっと先なので、いまのうちに将来の医学部の費用を孫にあげておこう」といって、孫に1,500万円をあげれば、単純に1,500万円を贈与したものとして贈与税が課税されてしまいます。

　先ほどの例と何が違うかといえば、先ほどの例は祖父が孫の医学部の授業料と入学金を「そのつど直接負担」しているのに対して、後の例は将来の教育資金として一括で贈与しているため、**必要なつど直接負担するという要件**に該当しないことになってしまうのです。

　後の例が非課税になるためには、祖父は有名幼稚園に入学した孫の入学金から始まって小学校、中学校、高校の授業料や入学金を直接負担し、また塾代や家庭教師代をそのつど負担し、そして大学に入学したら入学金を負担し、といったように、いわゆるひも付き関係を明確にして**必要なつど負担してあげる**必要があるのです。

　この教育資金の一括贈与は、祖父母や曽祖父母（直系尊属）が孫

やひ孫（直系卑属）のために、将来の教育資金として一括で贈与した場合にも非課税を認めるというものです。

つまり、生まれたばかりの赤ん坊に対して、将来の教育資金として一括贈与（最高1,500万円）をしても非課税になるという制度なのです。

教育資金の一括贈与の非課税制度の具体的な内容は、以下のとおりです。

● 前年の所得が1,000万円以下である子、孫、ひ孫（直系卑属）に対して令和8年3月31日までの間に、教育資金として一括贈与をした場合、1,500万円（学校等以外の習い事等（塾やそろばん、水泳、ピアノなど）の分は500万円を限度）まで贈与税が非課税とされる。

（※）平成31年4月1日以降の贈与については、受贈者が23歳になった日以後は、学校以外の習い事の支出は除外された。

● 資金を教育資金に限定して銀行等に預け入れたうえ、受贈者である孫等の名前で非課税口座を開設する。受け入れた銀行等が税務署に対して非課税の届出を行なう制度のため、この制度を取り扱っている銀行等を通さないで勝手に孫に贈与しても非課税の扱いは受けられない。

● 贈与を受けた者が30歳になるまで銀行等が管理を行なう。受贈者（孫等が未成年の場合は親権者）は教育資金として使用した領収書と引換えに非課税口座から資金の引出しを行なう。

● 贈与を受けた者が30歳になったときに残額があれば、その残額について、贈与税を課税する（教育資金として使い切ることが必要）。

相続税の直前対策が可能になる！

　癌のため余命3か月と宣告された資産家の人がいた場合、その資産家に未成年の孫やひ孫が10人いたとすると、これらの孫やひ孫に1人1,500万円ずつ教育資金の一括贈与をし、その3か月後にその資産家が死亡した場合は、1億5,000万円（1,500万円×10人）も相続対象額が減ることになります。

　教育資金の一括贈与は、次項の結婚・子育て資金の一括贈与とは違い、**贈与した祖父母等が贈与後に死亡しても、贈与者の相続財産に算入されることがない**という点が大きな相続税対策となるわけです。

　ただし、これは資産家優遇という声が高まり、平成31年4月1日以降の贈与から、贈与を受けてから3年以内に贈与者が死亡した場合は、**原則として**使い残している残額が相続税の対象となることとされ、さらに令和3年4月1日以降の贈与からは、"贈与から3年以内の規定も外れて"贈与者が死亡した場合は、**原則として**使い残している残額はすべて相続税の対象とされることになるとともに、孫やひ孫の場合は相続税の2割加算も適用されることになりました。

　ただし、「**原則として**」と申し上げたのは、贈与者が死亡したときに次ページの要件に該当している場合は、**使い残しがあっても相続税の対象とされない**からです。

教育資金…

【贈与者が死亡したときに使い残しが相続税の対象とならずにすむ場合】

①受贈者が23歳未満である場合

②受贈者が学校等に在学している場合

③受贈者が教育訓練給付金の支給対象となる教育訓練を受講している場合

（※）この改正を踏まえると、今後は贈与をする孫やひ孫の年齢を考慮して、きめ細かく贈与金額を決める必要があります。

令和5年4月1日以降の教育資金贈与の改正の影響

令和5年4月1日以降の教育資金の贈与から、贈与者が死亡したときの**遺産額（課税価格）が5億円超の場合**は、贈与を受けた孫やひ孫の年齢にかかわらず、**使い残している残額が相続税の対象**とされることになりました。

ただし、遺産額（課税価格）が5億円を超えるような資産家は、相続税の申告者のうちの2％程度に過ぎないので、相当な資産家でないかぎり気にする必要はないでしょう。

また、教育資金の一括贈与は、受贈者が30歳になったときに使い残しがあれば贈与税が課税されることになっているわけですが、令和5年4月1日以降に贈与を受けた受贈者が30歳になったときの使い残しに対する贈与税は、18歳以上の直系卑属に対する特例税率ではなく、一般税率（95ページ参照）によることとされました。しかし、これも気にするほどの改正ではありません。

結婚・子育て資金の一括贈与の非課税制度とは

平成27年度税制改正で創設された制度

　教育資金の一括贈与の非課税制度のところでも説明したように、扶養義務者（配偶者、親・子・孫などの直系血族、兄弟姉妹など）の相互間で生活費や教育費を負担しても、贈与税は非課税とされています。

　たとえば、祖父が結婚する孫に、「結婚式にはおじいちゃんの関係者もいろいろと呼ぶから、結婚資金は全部おじいちゃんが出してやろう」といって結婚資金を負担し、また、結婚後の孫の出産費用や生活費などを負担してあげても、原則として贈与税は課税されません。ただし、この非課税の対象となるのは、結婚費用や生活費として**必要なつど直接**これらに充てるためのものに限られています。

　たとえば、祖父が大学生である21歳の孫に対して、「将来の結婚資金はおじいちゃんが出してやろう。また、子供が生まれたら、生活費も大変だろうから、それもおじいちゃんが出してやろう。ただし、お前が結婚して子供が産まれるころには、おじいちゃんは生きていないかもしれないから、いまのうちに1,000万円を贈与してあげよう。このお金は、大事にとっておいて、お前の結婚式や子育て費用にあてなさい」といって孫に1,000万円をあげれば、単純に1,000万円を贈与したものとして贈与税が課税されてしまいます。

　先ほどの例と何が違うかといえば、先ほどの例は祖父が孫の結婚費用や生活費を「そのつど直接負担」しているのに対して、後の例は将来の結婚費用や子育て費用として一括で贈与しているため、「必要なつど直接負担する」という要件に該当しないことになってしまうのです。

　後の例が非課税になるためには、孫が結婚したときに結婚費用を

負担し、子供が生まれるときに出産費用を負担するといった、いわゆるひも付き関係を明確にして、必要なつど負担してあげる必要があるのです。

「結婚・子育て資金の一括贈与の非課税制度」は、祖父母や曽祖父母（直系尊属）が18歳以上の孫やひ孫（直系卑属）のために、将来の結婚・子育て資金として一括で贈与した場合にも非課税を認めるというものです。

なお、平成31年4月1日以降の贈与から、受贈者の贈与を受ける前年の所得が1,000万円以下でなければ適用されないこととなり、令和5年4月1日以降の贈与で50歳時の使い残しに対する贈与税の税率は一般税率によることとされました。

相続税の節税対策にはならない

結婚・子育て資金の一括贈与と教育資金の一括贈与は似たような特例ですが、その**贈与者である祖父母等が死亡したときの取扱い**がまったく違います。

たとえば、祖父が同じように1,000万円をそれぞれの特例を適用して孫に贈与したとしても、教育資金贈与の特例の場合は、贈与した祖父が贈与後すぐに死亡してしまって、教育資金1,000万円がたとえまるまる残っていたとしても、原則として祖父の相続税には関係ないのに対して、結婚・子育て資金贈与の特例の場合は、贈与後、祖父がすぐに死亡して結婚・子育て資金が残っていれば、その残っていた金額は祖父の相続財産として相続税の対象とされてしまいます（ただし、教育資金の一括贈与については、120、121ページの改正内容に要注意）。

この違いからもわかるように、教育資金の一括贈与の特例は相続税の節税対策に優れているといわれるのに対して、結婚・子育て資金の一括贈与の特例は相続税の節税対策にはならないというわけです。

直系尊属から住宅資金贈与を
受けた場合の贈与税の非課税制度

この非課税制度の概要

　この特例は、18歳以上である者が直系尊属（以下「父母または祖父母」という）から、自己の居住用の住宅を購入するための資金の贈与を受けた場合に、最高1,000万円まで贈与税が非課税になるというものです。

◎住宅資金贈与の贈与税の非課税限度額◎

住宅取得資金の贈与の時期	良質な住宅 （省エネ等住宅）	一般住宅
2022年1月〜2023年12月	1,000万円	500万円

　贈与税の計算は、あくまでも受贈者（贈与を受ける人）が中心になるので、たとえば、令和5年に新築の良質な住宅を購入するとして、父と祖父の2人からそれぞれ1,000万円の住宅資金の贈与（1,000万円×2人＝2,000万円）を受けたとしても、贈与税の非課税枠は1,110万円（1,000万円＋基礎控除110万円）なので、これを超える部分には贈与税が課税されるので注意してください

非課税制度を適用する場合の主な要件

　住宅資金贈与の非課税制度を適用する場合の主な要件は、以下のとおりです

【贈与をする人の要件】
●贈与をした人が贈与を受ける人の父母または祖父母等、直系尊属であること

【贈与を受ける人の要件】

●贈与を受けた年の１月１日において18歳以上であること
●贈与を受けた年の合計所得が2,000万円以下であること
（※）ただし、床面積が40㎡以上50㎡未満の場合は1,000万円以下。

【住宅の取得等の要件】

　贈与を受けた住宅購入資金の全額により、贈与を受けた年の翌年３月15日までに、自分が居住するためのマイホームの新築または中古住宅の購入（その敷地の購入も含みます）もしくは増改築をしなければならず、また、贈与を受けた年の翌年12月31日までに居住を開始しなければなりません。

【住宅用家屋の要件】

①家屋の２分の１以上が自分の居住用として使用されること
②国内にあること
③家屋の床面積（区分所有の場合は専有部分）が50㎡以上240㎡以下であること
（注）合計所得が1,000万円以下の場合は、50㎡以上は「40㎡以上」となります。
④中古住宅の場合は次の築年数要件を満たすこと
㋐昭和57（1982）年１月１日以降に建築されたもの
㋑それ以前に建築された中古住宅は一定の耐震性が証明できるもの

【期限内申告の要件】

●贈与を受けた年の翌年３月15日までに、特例の適用を記載した贈与税の申告書を提出すること
（※）期限内申告が要件なので、期日までに申告を行なわなかった場合は、特例の適用は受けられません。

相続税の節税対策には親との共有を考えよう

　住宅資金贈与の特例の非課税金額は、2019年4月1日から2020年3月31日までの贈与については、最高で3,000万円の非課税枠がありましたが、令和5年（2023年）分は良質な住宅で1,000万円、一般の住宅で500万円と、非課税枠はだいぶ縮小されました。

　それでは、子供が5,000万円の自宅マンション（一般住宅）を購入する計画を立てて、親が3,000万円を援助してあげようと思っている場合は、どのようにするのがよいのでしょうか？

　このような場合は、親が援助する500万円は住宅資金贈与で子供に贈与して、子供の自己資金2,000万円とあわせた2,500万円分（マンションの持分1/2）を子供名義にし、残りの2,500万円分（マンションの持分1/2）を親の名義にして購入するのが、相続税対策として最適だと思います。

　なぜならば、親が3,000万円を提供すると3,000万円の金融資産が減少するのに対して、親の名義となった2,500万円分のマンションの相続税評価額はおおむね1,000万円程度と考えられるので、将来の相続税の節税につながるからです。

　なお、相続税の節税を考えるのであれば、親の名義分について子供から家賃を取るといったことはしないで、使用貸借としてせいぜい固定資産税を負担させる程度にするか、完全にタダで住まわせてあげたほうがいいでしょう。

129ページに、この章で取り上げた3つの非課税制度についての比較表を掲載しましたので、参考にしてください。

相続税の節税対策の
メリット・デメリット

相続対策は争族対策、納税対策、節税対策の順に考える

相続対策の基本は３つ！

　相続対策というと、いかに相続税を安くするかということに目がいきがちですが、最も大事なことはモメずに遺産分割協議を終えて親子兄弟が仲よく暮らしていくことだと思います。

　私の事務所に相談にこられる方のなかには、「相続税を少しでも安くして、自分の死後、子供たちが困らないようにしたい。どうすれば相続税を安くできるか教えてください」といった相談をされる方がいます。

　私は、このような方に対しては、「相続対策とは、①争族対策、②納税対策、③節税対策の３つがあり、対策を考える順番もこの順番で考えなければなりません」とお話するようにしています。

　つまり、争族対策（誰にどのように相続させるか）を考えずに、節税対策のみを先行している場合は、実際の相続の際にモメて泥沼化することが多いのです。

　相続対策とは、**ふた親が死亡したときの最終形をどのようにするかを決める**ことにつきると思います。

　遺産をどのように分けるかが決まってこそ、次のステップ（納税、節税）に移行できるのです。

　そのために最も有効なのは遺言書の作成ですが、遺言書については次章で詳しく説明します。

　いずれにせよ相続対策とは、「誰がどう相続するかも決まっている、相続税の納税についても手当てはできた、最後にいま予想される相続税を少しでも安くするには、どういう方法があるのかな？」というように考えていく必要があるでしょう。

おまけの 得 情報

6章で取り上げた3つの非課税制度について比較してみましょう。

◎子、孫、ひ孫等への贈与の特例の比較表◎

	住宅資金贈与	教育資金の一括贈与	結婚・子育て資金の一括贈与
受贈者（もらう人）	18歳以上の子、孫、ひ孫(合計所得2,000万円以下)	30歳未満の子、孫、ひ孫	18歳以上50歳未満の子、孫、ひ孫
贈与者（あげる人）	父母、祖父母、曾祖父母	父母、祖父母、曾祖父母	父母、祖父母、曾祖父母
お金の拠出先	本人（もらう人）に直接贈与（口座振込等）	もらった人名義で銀行に口座開設	もらった人名義で銀行に口座開設
使用目的	もらった人のマイホームの新築、中古住宅の購入もしくは増改築	教育資金（入学金、授業料、塾等の習い事など）	結婚・子育て資金（挙式費用、新居の住居費、出産費用、不妊治療、子の医療費など）
非課税限度額	124ページ表を参照	1,500万円	1,000万円
適用期限	2023年12月31日まで	2026年3月31日まで	2025年3月31日まで
申告方法	贈与を受けた年の翌年2月1日から3月15日までに贈与税の申告	口座を管理する銀行が行なう	口座を管理する銀行が行なう
契約終了時の残額	──	もらった人が30歳になったときに使い残しがあれば贈与税が課税される	もらった人が50歳になったときに使い残しがあれば贈与税が課税される
贈与者が死亡したときの相続税	**相続税の課税はなし**	**相続税の課税は原則としてなし**	**使い残しが相続税の対象**

※ 「住宅資金贈与」「教育資金の一括贈与」は相続税の節税対策に有効ですが、「結婚・子育て資金の一括贈与」は相続税対策には向いていません。

養子縁組のメリット、デメリット

節税のための養子縁組は "争族" の元になるかも

法定相続人の数が増えるので、その分相続税は安くなる

　養子縁組を行なうと、相続税の計算上、その養子は実子と同じ取扱いを受ける（法定相続人となる）ので、養子縁組によって、以下の4つの節税効果が期待できます。

①生命保険金の非課税限度額がアップする

　被相続人の死亡により支払われる生命保険金は、「500万円×法定相続人の数」を超える金額について課税されるので，養子縁組をすれば，それだけ非課税枠が広がります。

②死亡退職金の非課税限度額がアップする

　被相続人の死亡により支払われる死亡退職金は、「500万円×法定相続人の数」を超える金額について課税されるので、養子縁組をすれば、それだけ非課税枠が広がります。

③相続税の基礎控除額がアップする

　相続税の基礎控除額は、「3,000万円＋600万円×法定相続人の数」で計算されるので、養子縁組をすれば，その分だけ基礎控除額がアップします。

④相続税の適用税率が低くなる

　法定相続人が増えると、その分だけ各法定相続人の法定相続分が減るので、適用される累進税率が低くなります。

　では、事例をもとに養子縁組の節税効果を計算してみましょう。

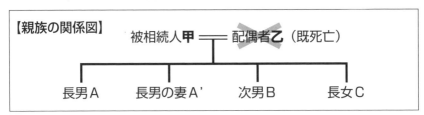

【親族の関係図】

被相続人甲 ＝＝ 配偶者乙（既死亡）

長男A　　　長男の妻A'　　　次男B　　　長女C

【例題1】被相続人甲の遺産（課税価格）は4億円で、そのほかに遺族は、死亡退職金として2,000万円、死亡保険金として2,000万円を受け取っている。この場合、甲の死亡による相続税の総額はいくらになりますか？

【例題2】例題1と同じ事例で、長男の妻A'が甲の養子となっていた場合、相続税の総額はいくらになりますか？

【解答1】

4億円＋500万円(※1)＋500万円(※2)＝4億1,000万円（課税価格）

 （※1）死亡退職金2,000万円－非課税額（500万円×3人）＝500万円

 （※2）死亡保険金2,000万円－非課税額（500万円×3人）＝500万円

 （課税価格） （基礎控除額）   （課税遺産総額）

4億1,000万円－4,800万円(※3)＝3億6,200万円

 （※3）3,000万円＋600万円×法定相続人数（3人）＝4,800万円

$$3億6,200万円 \times \begin{cases} 1/3 & 長男A & 1億2,066.6万円×40\%－1,700万円 & ≒3,126.6万円 \\ 1/3 & 次男B & （同上） & ≒3,126.6万円 \\ 1/3 & 長女C & （同上） & ≒3,126.6万円 \end{cases}$$

合計（相続税の総額） 9,380万円

【解答2】

4億円＋0(※1)＋0(※2)＝4億円（課税価格）

 （※1）死亡退職金2,000万円－非課税額（500万円×4人）＝0

 （※2）死亡保険金2,000万円－非課税額（500万円×4人）＝0

（課税価格）（基礎控除額） （課税遺産総額）

4億円－5,400万円(※3)＝3億4,600万円

 （※3）3,000万円＋600万円×法定相続人数（4人）＝5,400万円

$$3億4,600万円 \times \begin{cases} 1/4 & 長男A & 8,650万円×30\%－700万円 & ＝1,895万円 \\ 1/4 & 次男B & （同上） & ＝1,895万円 \\ 1/4 & 長女C & （同上） & ＝1,895万円 \\ 1/4 & 養子A' & （同上） & ＝1,895万円 \end{cases}$$

合計（相続税の総額） 7,580万円

養子縁組は簡単にできるが、"争族"の元になる!?

　前ページの計算例では、長男Aの妻A'を養子縁組したことにより法定相続人が1人増えた結果、相続税の総額は9,380万円から7,580万円へと1,800万円も下がりました。

　この節税効果は、養子の数が増えるほど大きくなる計算になりますが、相続税法上は、何人と養子縁組をしても、「**実子がいる場合には1人**」「**実子がいない場合には2人**」までしか法定相続人としての計算に入らないので注意してください（民法上は何人養子にしてもかまいませんが、相続税の計算には関係がないことになります）。

　なお、養子縁組は、市区町村役場に養子縁組届を提出するだけで費用もかからずに簡単にできます。

　しかし、養子縁組はいいことばかりのようですが、相続関係者の間でよく話し合っておかないと相続争いのタネになります。

　よくあるのは、親と同居していた長男が他の兄弟には知らせずに自分の奥さんや子供を親の養子にしているケースです。養子は実子と同じ権利をもつ法定相続人ですから、養子がいればその分、実子の権利（法定相続分）が減ることになります。

　親の相続が発生して調べてみたら、長男の配偶者や子供が養子になっている。「自分たちは聞いていないぞ。自分たちの取り分を減らすために兄貴が勝手にやったに違いない」——こんなふうになって、いざ相続が発生したら、おおモメにモメたということになりかねません。養子縁組は関係者でよく話し合って行なってください。

養子縁組する場合は誰を養子にするのがよいか

　養子縁組は、たとえば同居をしていて自分の面倒をよく見てくれていた長男の嫁を養子にすることによって、財産を相続できるようにするとか、自分の跡継ぎである長男の長男（孫）を養子にすることによって、自分の後継者である長男の次の後継者はこの孫だということを明確にする、といったケースが一般的です。

　では、子供の配偶者を養子にする場合と、孫を養子にする場合とでは、どちらがいいのでしょうか？　実は、どちらがいいとは一概にいえないのですが、それぞれ次のようなメリットとデメリットがあります。

【孫を養子にする場合】

　孫に財産がわたるためには、本来、親から子供、子供から孫へと２段階のステップを踏まなければなりませんが、孫を養子にすれば、世代を飛び越して相続できるため、相続税を２回払うところが１回ですますことができます。

　しかし、これでは不公平だということで、平成15年の税制改正で、被相続人の養子となった孫が相続する場合は、通常の相続税の２割増しで相続税が課税されることになりましたので、慎重に考える必要があるでしょう。

【子供の配偶者を養子とする場合】

　子供の配偶者を養子とする場合は、孫の場合のように２割加算の規定はありません。では、デメリットはないかというと、離婚というリスクがあります。

　たとえば、長男の妻と養子縁組をしたけれども、その後、長男夫婦が離婚してしまったという場合には、長男の妻は離婚した夫の親の相続権をもっているということになってしまうわけです。

相続税対策の基本は生前贈与。驚くほど相続税が安くなる

なぜ生前贈与は相続税対策の基本なのか

　相続税の節税対策の基本の1つは、「**自分の財産を減らす**」ということです。もちろん、財産を減らすといっても、ムダづかいをしろという意味ではなく、事前に子供や孫、嫁、婿などに財産を贈与してしまえば、自分の財産が減って結果的に相続税が安くなる、という意味です。

　贈与税は、基礎控除額が110万円しかないし、贈与税率の累進性も非常に高いので、きわめて高い税金だとの印象があります。

　しかし、相続税が一生に一回まとめて課税され、しかも、その時期を自由に選択することができないのに対して、贈与税は毎年好きなときに好きなだけ行なえるという違いがあります。

　つまり、贈与税の1年間の基礎控除額110万円をうまく利用して、子や孫に毎年少しずつ贈与を行なっていけば、長期的にはかなりの財産移転が行なえるし、将来の納税資金を準備することもできます。

　次ページの事例を見てください。

　3億円（相続税評価額による）の資産を所有している甲さん（法定相続人は子供A、子供Bの2人）が、子供2人、その配偶者2人、さらに孫6人の計10人に毎年110万円ずつ贈与を行ない、10年間で1億1,000万円（110万円×10人×10年）の財産移転を行なったとし、その場合の相続税の節税効果を試算した事例です。

　節税効果をみると、びっくりするほど相続税が安くなっています。

贈与額は財産に応じて、直前対策には教育資金一括贈与を

　生前贈与というと、110万円の基礎控除額以下に抑えて贈与税を支払わないようにするものだと思っている人がいますが、相続税対

◎生前贈与による節税効果を試算する事例◎

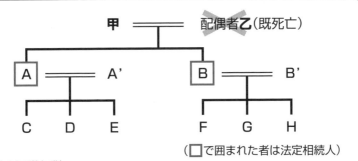

（□で囲まれた者は法定相続人）

①納税する贈与税
　　贈与額110万円－基礎控除額110万円＝0　　　∴贈与税0
②遺産3億円（現時点）で相続が発生した場合の相続税額…
　　　　　　　　　　　　　　　　　　　　　　6,920万円
③遺産1億9,000万円（10年経過後。3億円－1億1,000万円）
　　で相続が発生した場合の相続税額………………3,040万円
④相続税の節税効果
　　6,920万円－3,040万円＝3,880万円

（注）相続人に対する3年以内の生前贈与加算は計算簡素化のために考慮していない。

策としての生前贈与は、被相続人予定者の年齢、財産額などに応じて計画を立てなければなりません。

　被相続人予定者があまりに高齢であった場合には、長期間にわたる贈与計画は立てづらいし、財産が数十億円といった場合にはある程度の贈与税を納めても、それ以上に相続税の節税効果があるならば、**贈与税をケチらずに大局的な視野に立った贈与**をおすすめします。

　たとえば、上記の例で、孫1人に500万円を贈与した場合の贈与税は48万5,000円（20歳以上の場合）ですが、甲さんの財産が500万円減れば相続税は200万円減少します。

　また、118ページで説明したように、まだ小さい孫やひ孫がいるならば、教育資金の一括贈与の特例を適用すれば一気に相続税を減らすことができます。

135

相続人に対する生前贈与加算期間の7年延長の影響

34ページで説明したように、相続人に対する生前贈与加算が令和6年分の贈与より7年間に延長されるため、令和9年の死亡者から段階的に延長されて、令和13年の死亡者から相続人に対する生前贈与加算が7年に延長されます。

では、まだ遠い先の話ですが、この税制改正によって相続税対策としての生前贈与に大きな影響が出るのでしょうか?

私は、次の理由からほとんど影響はないと思っています。

①生前贈与加算は、あくまでも遺産を相続する相続人に対してだけなので、生前贈与は相続が予定されている子供ではなく、相続権のない**孫、ひ孫、嫁、婿**などに行なえばまったく影響はない。

②子供が未婚で孫や嫁、婿がいない場合は、最初に子供に相続時精算課税を適用した贈与を行ない、その後新たに設けられた110万円以下の相続時精算課税の基礎控除を利用した贈与を行なっていけば、基礎控除以下の贈与は生前贈与加算の適用外なので、年間110万円以下の生前贈与を考えている人には影響がない。

ただし、相続人である子供に対して年間500万円、1,000万円といった多額の生前贈与を行なってきた大資産家には影響があります。

一般贈与と相続時精算課税贈与はどちらが相続税対策になる?

いままでの相続時精算課税贈与は、一度選択するとたとえ110万円以下の贈与であっても、毎年の申告が必要なだけではなく、相続発生時にはすべて相続財産に加算され、相続税の対象とされることから、賃貸建物を相続時精算課税で贈与し、家賃を子供に入るようにするといった特殊なケースを除き、相続税対策には不向きとされていました。

しかし、令和6年から相続時精算課税の適用者が受ける年間110万円以下の贈与は、非課税とされることとなっただけではなく、非

課税分については相続財産に加算されることもなくなったため、相続税が1,000万円以下ぐらいと予想される方たちは、相続時精算課税を選ぶほうが節税になるケースが増えると思われます。

　なお、ある程度の贈与税を払っても相続税の節税になるからと、子供に対して年間500万円、1,000万円といった高額の贈与を行なっていた方は、相続時精算課税を選択すると不利になります。

　たしかに、年間110万円以下の贈与は非課税となり、相続財産への加算もありませんが、年間110万円を超える部分は、すべて相続財産に加算されて相続税の対象となってしまうからです。

せっかくの生前贈与も
やり方を間違えると水の泡に

贈与はなるべく孫もしくは嫁、婿に行なう

孫へ贈与を行なえば、「親→子→孫」という相続の順序を一代飛び越えることになるので、相続税の課税が1回少なくなります。

また、相続開始前3年以内に贈与を受けた財産は、相続税の課税対象となってしまうので、相続税の節税効果はありません。しかし、これはあくまでも「相続または遺贈によって財産を取得した人が贈与を受けていた場合」に限られます。**孫や嫁、婿の場合は、法定相続人ではないので、遺言によって遺産をもらわない限りは、3年以内の贈与についても相続財産に加算されることはありません。**

贈与をしたら、もう自分のものではない！

相続税の節税対策としての生前贈与は、しっかりと計画を立てたうえで、"**なるべく長期間**""**できるだけ多くの人に**"贈与していくことがポイントです。

しかし、せっかく贈与を続けていても、贈与をしていたという証拠が不十分だと、後々、税務署とトラブルになることがあります。贈与が常に税務署とトラブルになるのは、本当に贈与したのかどうか疑わしいことが多いからです。

贈与とは、"**あげました**""**もらいました**"という双方の合意があって初めて成立するのですが、よくあるのは、もらった側に"もらったという自覚がない"というケースです。

「私は、相続税対策として毎年、子供や孫に贈与をしています。もうかなりの金額が子供や孫の名義になっています。あとで税務署とトラブルにならないように、ちゃんと子供や孫の名義の通帳をつくっているし、少し贈与税がかかる金額で贈与しているので、毎年、

贈与税の申告も納税もしています」といっている人に、「では、贈与をしてもらった子供さんやお孫さんは、そのお金を自分で自由に使えるのですね。当然、通帳や印鑑も受贈者である子供さんやお孫さんが持っているのですね」と聞くと、「いや、通帳や印鑑を子供たちに渡すと、ムダづかいをするので、私が保管しています。子供たちが何か大きな買い物をするときには、この通帳を渡してやろうと思っています」という返事が返ってきます。

実は、このようなケースが非常に多いのですが、これでは贈与契約が実行されたとはいえません。何度もいうようですが、贈与とは“あげました”“もらいました”という双務契約なので、**もらった人が、もらったものを自由に使用できないのであれば、贈与が実行されたことにはならない**のです。

子供や孫名義の預貯金の通帳や印鑑を贈与者が保管し、受贈者の自由にならないようにしているのであれば、その預貯金の実際の所有者はいまだ贈与者であり、子供や孫名義の預貯金は単なる**名義預金**に過ぎません。したがって、たとえ贈与税の申告をしていても贈与をしたことにはならないのです。

相続税対策として生前贈与を行なっていくのであれば、**“贈与をしたら自分のモノではない”**という覚悟が必要です。その覚悟ができないならば、生前贈与はあきらめなければなりません。

名義預金には特徴がある

実際に相続が発生したときに、いちばん税務署とトラブルになるのは、生前にせっせと子供や孫に贈与をしていた預金が誰のものか、つまり、実質所有者は亡くなった被相続人ではないかという点です。このように、贈与された預金が多額に存在すると、相続税の申告をした後で、たいがい税務調査の対象に選定されます。

名義預金には、一般的に「入金だけあって、出金がない」「その通帳にしか使われていない三文判が通帳印となっている」「生活圏が異なるのに贈与者の取引銀行で通帳がつくられている」などの特

徴があります。

　つまり、実質的な管理者が亡くなった被相続人の場合には、通帳の管理を被相続人がしているわけですから、相続税対策として、子供や孫名義で預金を貯めていくだけで、おろして使うこともなければ、その通帳専用の印鑑は被相続人が保管しているため、そもそも子供や孫はお金をおろして使うことができないわけです。

　税務署とのトラブルを避けたいのであれば、贈与する際には受贈者である子供や孫がふだん実際に使用している本人の通帳（給与の振込みや携帯電話の料金等が引き落とされる口座）に振り込むべきでしょう。そうすれば、贈与者の手を完全に離れるので、名義預金と疑われることがなくなるわけです。

　ただしこの場合、贈与を受ける子供や孫がふだん使っている通帳に振り込むわけですから、「あまりムダづかいするなよ」とクギをさす程度にして、そのお金をどのように使うかはもらった本人たちに任せる、という覚悟を決めなければなりません。

　なお、祖父や祖母が未成年の孫に贈与する場合は、通帳そのものがない場合が一般的なので、親権者に通帳をつくらせたうえで、税務署とのトラブルを避ける意味で「贈与契約書」を作成しておくとよいでしょう。

　贈与契約書の見本は、次ページのとおりです。

連年贈与は定期金の贈与？

　たとえば、「あなたに1,000万円を贈与しましょう。ただし、毎年100万円ずつ10年間にわたりお渡しします」という内容で、贈与者と受贈者が贈与契約を交わしたとします。このような贈与契約の場合は、1,000万円を贈与すると約束しているわけですから、たとえ10年分割にしようと、贈与金額は1,000万円（10年分割で受け取るため、定期金としての評価となる）となります。

　このことから、「毎年同じ金額を同じような時期に贈与し続けると、計画的でまずいのではないか？　なるべく不規則にしたほうがいい

140

◎贈与契約書の見本◎

現預金贈与契約書

　　贈与者　　　　（以下甲という）と受贈者　　　　　（以下乙という）との間で、次のとおり贈与契約を締結した

　　　　　　　　　　　　　　記

一、甲は乙に対して本日現金　　　万円を贈与することを約束し、乙はこれを承諾した。
　　甲は　××銀行　　　支店（口座名義　　　　口座番号　　　　）の預金通帳へ当該金額を本年　月　日までに振り込むことにより贈与を実行するものとする
一、乙が成人に達するまでの間親権者である父　　　と母　　　　が当該預貯金を管理保管するものとする。

　　上記契約を証するため、本証書を2通作成し贈与者甲および受贈者乙が各1通ずつこれを保有する。

　　　　　　　　　　　　　　　　　　　年　　　月　　　日

贈与者甲　住所
　　　　　氏名　　　　　　　　　　　　　　㊞
受贈者乙　住所
　　　　　氏名　　　　　　　　　　　　　　㊞
　　乙未成年者につき

　　親権者父　　　　　　　　　　　　　　㊞
　　親権者母　　　　　　　　　　　　　　㊞

署名は必ず受贈者（親権者）、贈与者それぞれ本人が自署してください

のではないか」と考える人がいますが、これは定期金の贈与と混同しているためであり、まったく心配する必要はありません。
　一度に課税されるのは、贈与する総額が決まっていて、それを分

7章◆相続税の節税対策のメリット・デメリット

割払いしていくケースです。したがって、最初に1,000万円贈与するとか、この土地をすべて贈与するといった契約を締結して、それを分割して実行しているならば、たしかに総額が贈与対象になります。しかし、そういった契約を締結していなければ、たまたま毎年贈与をしていたら結果として1,000万円になったとか、その土地全部を贈与することになったとかにすぎないわけですから、毎年の贈与分のみが、その年の贈与税の対象になるわけです。

死亡直前の贈与は有効か？

ときどき、「父の病状が重くて、医者からは今週がヤマでしょうと言われています。いまから子供や孫たちにある程度のお金を贈与してしまえば、相続税が節税できると思うのですが、問題ないでしょうか？」という相談をされることがあります。このようなケースでは、**本人の意思が確認できるかどうか**がポイントです。

では、本人の意思で贈与したという立証はどうすればいいのでしょうか？　前ページのような贈与契約書を作成して、本人に署名してもらう、字が書けなければ会話を録音するといった方法もありますが、字も書けない、会話もできないという状態なら、贈与はできないと考えるべきでしょう。

死亡直前ではありませんが、本人が認知症になってしまって、子供の顔の判別もできないようになった場合は当然、贈与をすることはできません。

ときどき、本人が認知症のため要介護5の状態になっているにもかかわらず、子供や孫などの親族に数千万円の贈与による財産移転が行なわれていることがありますが、本人に意思能力がないわけですから、この贈与行為は相続人が勝手に行なったものとして税務当局に否認されることになります。

なお、死亡直前に贈与を行なう場合、「相続人への3年以内の贈与」は相続財産に加算されることになっているので、相続人以外の孫、嫁、婿などに行なってください。

アパートを建てると
相続税は安くなるが…

お金をモノに代えるのがポイント

　土地は、その利用状況によって評価方法が異なります。したがって、土地を空地や駐車場で所有していると、その土地は更地評価となりますが、この空地の上に貸アパートを建てると、その土地は「**貸家建付地**」となり、東京の一般的な住宅地であれば更地価格に比べて18％〜21％程度、評価額が下がります。

　しかし、**土地よりも節税効果が大きいのは建物**です。お金はその価値そのものが相続税評価額ですが、アパートを建てるということは、お金という財産がアパートという財産に変わるということです。では、お金がアパートに変わると、そのアパートの相続税評価額はいくらになるのでしょうか？

　建物の相続税評価額は、固定資産税評価額であり、新築された建物の固定資産税評価額は一般的には、建築費総額の40％〜50％前後ぐらいとなっています。

　さらに、賃貸アパートの場合は貸家ですから、貸家の評価額は自用建物の70％（借家権割合30％）となっているので、たとえば「100」のお金をアパートに変えると、相続税評価額は100に対して「35」前後（100×50％×70％）となるわけです（アパート建築による相続税の節税効果は次ページの図を参照）。

　なお、貸家および貸家建付地の評価方法については、3章（☞64ページ）を参照してください。

借金はお金を得るための手段です

　相続税の節税のためのアパート建築というと、「借金してアパートを建築する」というイメージが強いのですが、借金はお金を得る

◎アパート建築で相続税評価額はこんなにダウン！◎

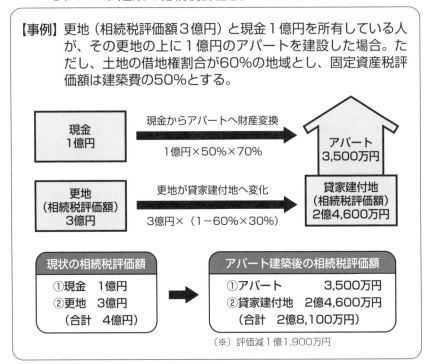

【事例】更地（相続税評価額３億円）と現金１億円を所有している人が、その更地の上に１億円のアパートを建設した場合。ただし、土地の借地権割合が60％の地域とし、固定資産税評価額は建築費の50％とする。

現金
１億円

現金からアパートへ財産変換

１億円×50％×70％

アパート
3,500万円

更地
（相続税評価額）
３億円

更地が貸家建付地へ変化

３億円×（1−60％×30％）

貸家建付地
（相続税評価額）
２億4,600万円

現状の相続税評価額

①現金　１億円
②更地　３億円
（合計　４億円）

アパート建築後の相続税評価額

①アパート　　　　3,500万円
②貸家建付地　２億4,600万円
（合計　２億8,100万円）

（※）評価減１億1,900万円

ための手段であって、借金をするから相続税が安くなるわけではありません。

　相続税の節税対策のポイントの１つが「お金を評価の安いモノに代える」ことなのですが、お金がなければ、これを実行に移すことはできません。そうすると、どこかからお金を調達しなければならないわけですが、そのお金の調達手段が借金なのです。

　上図の事例は、現金１億円と更地を所有している人がアパートを建てた場合の節税効果を示しています。アパートを建てる前の相続税評価額が４億円であるのに対してアパート建築後は２億8,100万円程度になりますので、評価額が１億1,900万円下がったことになります。

　次ページの図は、所有しているのが更地だけで、お金がない人の

◎借金をしてアパートを建てると…◎

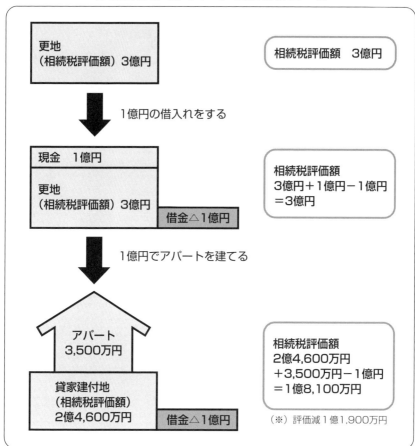

更地
（相続税評価額）3億円

相続税評価額　3億円

↓ 1億円の借入れをする

現金　1億円

更地
（相続税評価額）3億円

借金△1億円

相続税評価額
3億円＋1億円－1億円
＝3億円

↓ 1億円でアパートを建てる

アパート
3,500万円

貸家建付地
（相続税評価額）
2億4,600万円

借金△1億円

相続税評価額
2億4,600万円
＋3,500万円－1億円
＝1億8,100万円

（※）評価減1億1,900万円

場合を表わしています。お金がないのに、1億円のアパートを建てるとしたら、借金をして1億円のお金を得て、そのお金をアパートの建築費に充てるという流れになるのです。その場合の相続税評価額の変化は前ページの図（お金がある場合）でも、上図（お金がない場合）でも同じであり、どちらも相続税評価額は1億1,900万円下がったことになります。

収益性を考えなければ失敗する！

　1億円でアパートを建てたからといって、売却するときには建物に1億円の値がつくことはまずありません。せいぜい建築価格の5割、へたをすれば2、3割の値段しかつかないかもしれません。

　そうすると、たとえこのアパートを売却しても、借金を返済したら手元にはほとんどお金が残らないということにもなりかねないわけです。

　アパート経営の成功のカギは、1にも2にも立地にあります。少子高齢化の進んでいる現在、「アパート建築は相続税対策になります」というセールストークにつられて、駅から歩いて15分もしくはバスを使わなければならないといった利便性の悪いところにアパートを建ててしまったら、新築当時はともかく築10年を過ぎたころから空室が目立ち、賃料も値下がりしていくのが現状です（空き家問題がニュースになっていることを見ればおわかりいただけると思います）。

　ある程度、自己資金で建築している場合はともかく、立地の悪いところで目いっぱい借入れをして建築したら、「10年後には借金の返済が苦しくて相続税どころではない。このままでは破産しそうだ」ということにもなりかねません。

　くれぐれも、アパート経営は事業であって、相続税の節税はそのおまけだというように考えてください。事業収支を無視したアパート経営は、必ず破綻するものです。

7-6

節税物件を探すコツ

都心の中古高層マンションが 狙い目！

7章 ◆ 相続税の節税対策のメリット・デメリット

 ## 時価と評価の差がものすごく大きい！

　次ページの事例を見てください。東京都港区の築約５年の中古高層マンション（建物の高さは30階建て以上）の１室（部屋の専有面積約90㎡／３ＬＤＫ）を20XX年に１億3,000万円で購入した例ですが、この物件の相続税評価額はなんと約1,900万円（20XX年の評価額）となり、購入代金に対しては14.6％の評価額で、約85％も評価額が下がったのです。つまり、たとえば、このマンションを購入してから半年後に相続が発生したとすると、相続税の対象額は１億3,000万円ではなく、1,900万円に減少するということなのです。

　なぜ、こんなことになるかというと、まず高層マンションは**土地の持分が少ない**ということ。つまり上に高い分、１部屋あたりの敷地持分がものすごく小さくなるので（本事例の場合は、敷地持分面積は約13㎡）、港区という路線価の高いところでも土地の評価額は非常に安く計算されるのです。

　また、中古の賃貸マンションをオーナーチェンジで購入しているため、土地は**貸家の敷地としての評価額**となるうえに、貸付事業用として**小規模宅地の50％減額も受けられる**こと。さらに、建物の固定資産税評価額は、港区のマンションであろうと地方のマンションであろうと、同じ部屋面積であればほぼ同じような評価額となるため、**建物の評価が安く算定される**こと——などの理由により、実際の売買価格に対して、都心の高層マンションの相続税評価額は驚くほど安く算定されることになるわけです。

 ## 郊外の低層マンションは増税マンションかも

　わざわざ**都心の高層**マンションと強調したのは、マンションであ

◎都心の中古高層マンションの相続税評価額◎

【事例】所在地…東京都港区×××（築5年弱、3×階建）
　　　　専有床面積…90㎡、敷地面積（持分対応分）…13㎡
　　　　20XX年売買価格…1億3,000万円　　年間賃料…450万円

【相続税評価額】
◎ステップ1：空室状態の場合の相続税評価額

⑴建物評価額（固定資産税評価額）　　　　1,800万円

⑵土地評価額（路線価）　123万円×13㎡≒1,600万円

⑶合計評価額　⑴＋⑵＝3,400万円（売買価格の26.2%）

◎ステップ2：賃貸した場合の相続税評価額
　　　　　　　（オーナーチェンジのため購入時から貸家）

⑴建物評価額（貸家の評価）1,800万円×（1－0.3）＝1,260万円

⑵土地評価額（貸家建付地の評価）
　　　　　　　　　　1,600万円×（1－0.21）＝1,264万円

⑶合計評価額　⑴＋⑵＝2,524万円（売買価格の19.4%）

◎ステップ3：小規模宅地（貸付事業）の減額特例を適用した場合
　　　　　　　の相続税評価額

⑴建物評価額（貸家の評価）　　　　　　　1,260万円

⑵土地評価額
　　①貸家建付地の評価額　　　　　　　　1,264万円
　　②小規模宅地（貸付事業）の減額
　　　　　　　　　　1,264万円×50%＝632万円
　　③特例適用後の評価額　　　　　①－②＝632万円

⑶合計評価額　⑴＋⑵ ≒ 1,900万円（売買価格の14.6%）

（注）平成30年4月1日より賃貸事業を開始した場合は、事業的規模で不
　　　動産賃貸業をしていない場合には、貸付け開始から3年経過しなければ、
　　　貸付事業用宅地の50%減額は適用できません。

ればすべて実際の売買価格よりも相続税評価額がきわめて安く算定されるわけではないからです。

たとえば、築40年以上経過した東京郊外の旧公団の分譲マンションなどは、マンションの敷地が大変広く建物も低層であるため、70㎡の３ＬＤＫの部屋の持分敷地面積が25坪（約82㎡）にもなり、土地と建物を合わせた相続税評価額は2,000万円だけれども、築40年以上経っているため売却したら1,000万円だったなどという、**売却価額よりも相続税評価額のほうが相当高いといった逆転現象を起こしているマンションも少なくありません。**

節税目的で購入するのであれば、立地のよい、値下がりしづらい物件で、時価と相続税評価額に大きな差のある優良物件をいかに見つけるかということになります。

もっとも、時価と相続税評価額にあまりにも大きな差がある物件は、マンションバブルの影響で、すでに高くなりすぎているのかもしれませんので見極めも重要です。

なお、**「現金１億円をどの資産に変えるのがトクか」**ということを私なりに考えた節税効果の比較表を載せておきますので参考にしてみてください。

	安全性 下落リスク	値上り 期待	換金性	収益性 利回り	相続税 節税効果
都心の中古 高層マンション	△	△	△	○	◎
金	△	△	○	×	×
株	△	△	○	△	×
預貯金	○	×	○	△－	×
自己所有地にアパート、 マンションを建てる	△－	×	×	○	◎

令和4年4月19日に、納税者が控訴中だったタワーマンションの相続税評価に対する最高裁判決がありました。

　90歳のX氏が相続直前に10億円の借入金を主たる原資として、マンションAを8.4億円、マンションBを5.5億円で2物件合わせて約14億円で購入し、3年後の死亡時の相続税評価はAマンションが約2億円、Bマンションが約1.3億円の合計約3.3億円だったのに対して、国税庁が主張する鑑定評価額（時価）は約12.6億円と、時価と相続税評価で約9.3億円も乖離している評価額をめぐって争われたものです。

　詳細は省きますが、この訴訟のポイントは、相続税法に触れるような脱税行為ではなく、節税行為であったにもかかわらず、それが「ダメ」とされた点にあります。

　この判決では、①Aマンション購入時のX氏の年齢が90歳と超高齢だった、②時価と路線価の著しい差に加えて約10億円の借入金で相続税が0円になった（このスキームを使っていなければ相続税の課税価格が約6億円であったものを2,800万円にまで減額させている）、③X氏の死からわずか9か月ほどでBマンションを購入金額とほぼ同額で売却した、といった点が問題になったと思われます。

　いずれにしても、節税目的の行為があまりに高額でかつ露骨であることは否めず、これを認めてしまえば、このような巨額の借入れをする節税方法を取れない他の納税者との間に、「看過しがたい不均衡を生じさせ、実質的な租税負担の公平に反する」となって、納税者敗訴になったものと思われます。

　タワーマンションで節税対策をすること自体は問題ありませんが、この判決以前にも同じような判決が出ていますので、そのやり方やあまりに大きな節税額になるものについては、よくよく注意する必要があります。

今後のタワーマンションの評価はどうなる？

　令和5年の自民党の税制改正大綱の「税制改正の基本的な考え方」というところで、「マンションの相続税評価について」という項目が設けられました。

　そこでは、マンションの市場での売買価格と財産評価基本通達にもとづく相続税評価額が大きく乖離しているケースがあると指摘し、「相続税法の時価主義の下、適正化を検討する」とうたわれています。

　これは、前記の最高裁判決を意識したものと考えられますが、近いうちにマンションの評価方法が変更されるものと思われます。

　ただし、一口にマンションといっても、タワーマンションのように時価が相続税評価額を大きく上回る節税マンションもあれば、前述した郊外の旧公団の築古マンションのように時価よりも相続税評価額が上回る増税マンションまで幅広く存在するので、マンションをひとくくりにして一律の評価方法とするのは、難しいのではないかと思われます。

　私見では、バブル期に存在した不動産評価の「3年縛り」（相続開始前3年以内に取得した不動産は購入価額で評価する）をマンションに限って復活させるのではないか、といったところが現実的な落としどころのような気がしますが、いずれにしても今後の動向が注目されます。

7-7 相続が発生した後でも対策は可能

🙋 土地の分け方でこんなに評価が変わる

　宅地は、利用状況ごとに評価しますが、不合理分割でない限り、取得者ごとに評価することになっています。つまり、誰がどのように相続するかによって評価額が変わることがあるわけです。

　次ページの計算例をみてください。①は母と長男の2人が2分の1ずつの共有で相続した場合の駐車場の評価額であり、②は下図のように、駐車場をA（200㎡）、B（200㎡）に分筆して、A部分を母が、B部分を長男が相続した場合の評価額です。

　①の場合は、評価額が1億6,240万円となり、②の場合は、評価額の合計が1億2,120万円となるので、②のほうが相続税は相当安くなります。

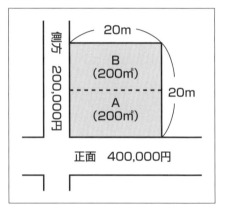

🙋 不合理分割は否認される

　このケースで、できる限り評価額を下げようとして、次ページ下図のように、評価の高い40万円／㎡の路線価に接道するA土地部分を10㎡程度の敷地に分割し、評価の低い20万円／㎡の路線価に接道するB土地部分を390㎡としたらどうでしょう。理論上は、40万円の路線価で評価する部分がほとんどなくなるわけですから、全体の評価額は相当下がることになります。

　しかし、このような形で分割しても、A土地は宅地としての使い道がないので、評価を下げる目的のみに行なった「不合理分割」で

◎駐車場の分け方による相続税評価額の比較（普通住宅地区）◎

【①母と長男が共有で相続した場合】…土地全体を角地として評価

<評価額>
- イ　正面路線　　　　　　40万円
- ロ　側方路線影響加算率　20万円×0.03＝6,000円
- ハ　1㎡あたりの評価額　イ＋ロ＝40万6,000円
- ニ　全体の評価額　　　　40万6,000円×400㎡＝1億6,240万円

<各相続人の相続税評価額>

（母）　　　1億6,240万円×$\frac{1}{2}$＝8,120万円

（長男）　　1億6,240万円×$\frac{1}{2}$＝8,120万円

【②別々に分筆して相続した場合】…それぞれの画地で評価

<A土地の評価額：角地として①と1㎡あたりの評価額は同じ>
- イ　1㎡あたりの評価額　40万6,000円
- ロ　A土地全体の評価額　40万6,000円×200㎡＝8,120万円

<B土地の評価額：路線価20万円が基準>
- イ　1㎡あたりの評価額　20万円
- ロ　B土地全体の評価額　20万円×200㎡＝4,000万円

<各相続人の相続税評価額>
- （母）　　　8,120万円
- （長男）　　4,000万円
- （全体の評価額）8,120万円＋4,000万円＝1億2,120万円

あるとして、全体を1つの画地（前記の共有相続の場合と同じ）として評価されることになります。

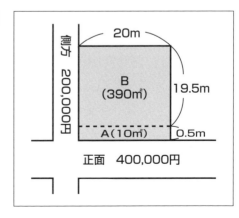

7-8

生命保険は争族対策、納税対策、節税対策に役立つ！

生命保険にはこんなにメリットがある

相続財産のほとんどが不動産といった場合には、相続税の納税のためには不動産を売却するか物納しか方法はありません。

「相続が発生したら、この土地を処分して相続税の納税に充てよう」というように、初めから計画していればいいのですが、ともかく土地を減らしたくないとか、処分すべき適当な不動産がないなどの場合は、死亡保険金が入ってくることはありがたいものです。

生命保険には、次のような利点があります。

① 「500万円×法定相続人の数」の非課税枠があるので相続税法上、優遇されている

② 死亡保険金は現金で支払われるため、すぐに納税資金に充てることができる

③ 受取人が指定されている死亡保険金は、遺産分割の対象ではないので、受取人の署名押印だけで受け取ることができる。つまり、遺産争いがあっても、他の相続人の合意は必要ないため、確実に自分のものにできる

誰が保険料を払うかによって課税される税金が異なる

生命保険は，相続税の納税資金を準備するうえで便利といえますが、誰が保険料を負担し、誰が保険金を受け取るかによって、課税される税金が異なってきます。生命保険の死亡保険金について、税金上の整理をすると、次ページ上図のようになります。

なお、死亡保険金の課税関係においては、一般的には相続税が最も有利です。なんといっても、死亡保険金に対する相続税は「500万円×法定相続人の数」に相当する非課税枠があるので、まずは相

◎死亡保険金の課税関係◎

	被保険者	保険料負担者 (保険契約者)	受取人	課税関係
パターン1	夫	夫	妻	相続税
パターン2	夫	妻	妻	所得税 (住民税を含む)
パターン3	夫	妻	子	贈与税

◎各税金の課税対象金額◎

相続税

受取保険金ー(500万円×法定相続人の数)=課税対象金額

所得税

(受取保険金ー既払込保険料ー50万円)× $\frac{1}{2}$ =課税対象金額

贈与税

受取保険金=課税対象金額

続税の対象となるような保険の加入方法(図の**パターン1**)が望ましいといえます。

　パターン2の所得税の対象となるケースも、一時所得としての課税なので、課税形態としてはかなり優遇されています。相続税の非課税枠を超える(相続税の課税対象となる)生命保険に加入しているような場合は、**パターン2**の所得税の対象となるような保険の加入のしかたもいいかと思います。

パターン3の贈与税の対象となる加入方法は通常、最も不利な方法なので、このような入り方はやめたほうがいいでしょう。

高齢で無保険の場合は一時払い終身保険を検討しよう

かつては生命保険に入っていたけれど、高齢になって保険がすべて満期になり、現在は無保険になっているという高齢者を多く見かけます。

この場合は、「一時払い終身保険」の加入を検討してみるといいと思います。

一時払い終身保険とは、たとえば現在85歳の高齢者が、1,000万円の保険料を一時払いで支払い、保険に加入すると、その加入者が死亡したときには、払い込んだ保険料とほぼ同額が受取人に支払われるというものです。

この場合、「払い込んだ保険料と死亡保険金が同額なら、保険に入る意味がないのではないか？」との疑問が生じます。

たしかにそのとおりなのですが、たとえば相続人が2人いるケースで相続が発生した場合、1,000万円の預金は1,000万円で評価されますが、1,000万円を一時払い保険料に充てていれば、死亡保険金を受け取ることになって「500万円×法定相続人の数」が非課税であるため、相続税の課税対象額は0ということになるわけです。

社長所有の土地に会社名義で建物を建てるとどうなるか？

 借地権があると土地の権利は底地のみ

　他人の土地を借りて、その土地の上に建物を建てている場合には通常、借地権が生じます（☞64ページ）。

　借地権は、その土地を自由に使用することができる権利なので、大変に強い権利であり、土地に準ずる財産価値として、東京近郊の住宅地であれば、借地権の価値は土地の価値の60％〜70％というのが一般的です。

　したがって、たとえ自分の土地であっても、その土地に借地権があれば、地主の権利は底地（貸宅地）のみとなってしまうので、相続における地主の土地の評価額は底地（貸宅地）として、土地の更地評価額から借地権を控除した金額となり、その土地の更地評価額の30％〜40％程度になります。

　そうなると、自分の土地に借地権があれば、相続時の評価は底地のみということになり、更地に比べて大幅に評価額が下がるので、何とか底地の評価にできないかと考えてみたくなります。

借地権相当額の権利金を支払わなければならない

　よく、中小企業の社長さんから「私個人の所有する土地に会社の工場を建てようと思っているのですが、会社名義で建物を建てれば会社に借地権が移るから、私の相続のときには、この土地の評価は底地（貸宅地）の評価になりますよね」といった質問をされます。

　たしかに、会社に借地権が発生するので、社長の土地は底地となります。しかし、社長が会社から借地権相当額の権利金を取得しなければ、会社は社長から借地権相当額の利益の供与を受けたとして法人税等が課税されてしまいます（「**借地権の認定課税**」という）。

◎社長の土地に会社の建物を建てると…◎

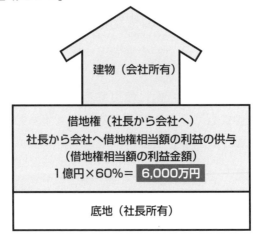

【社長個人の土地に会社（法人）が建物を建てた場合の課税関係。
　土地の相続税評価額は8,000万円（時価相場1億円）、借地権割
　合60%の地域とする】

建物（会社所有）

借地権（社長から会社へ）
社長から会社へ借地権相当額の利益の供与
（借地権相当額の利益金額）
1億円×60%＝ 6,000万円

底地（社長所有）

※法人（会社）の経済的利益と法人税等（30%の概算計算）
　①経済的利益　1億円（時価）×60%＝6,000万円
　②法人税等　　6,000万円×30%＝1,800万円

　つまり、他人に借地をさせるのであれば、事実上、その土地のうち借地権相当分をその借地人に売却したのと同じことであるため、借地権割合が60%の地域の土地であれば、土地の時価の60%前後の権利金の授受がなければ自分の土地を借地として貸す人はいません。

　自分の会社だからこそ権利金を受け取らずに、借地として貸してあげるわけですから、会社としては社長からタダで借地権を手に入れたことになります。

　個人が個人からタダで何かをもらえば贈与税が課税されますが、法人（会社）には贈与税の規定がありません。そこで、借地権の価値に相当する利益に対して法人税等が課税されることになります。

　なお、この場合の借地権相当額は上図のように、相続税評価額で

はなく、時価相場を基準に計算することになるので、大変な額の法人税等が課税されることになります。

「無償返還届」を提出すれば会社に借地権は発生しない

社長の土地に会社（法人）で建物を建てた場合、会社が社長に対して借地権相当額の権利金を支払わなかったときは、会社は社長から借地権をタダでもらったものとして法人税等が課税されます。

父親の土地に子供が建物を建てるといった場合は、**使用貸借**として、子供に借地権は発生しないことになっていますが、これは個人対個人の場合の規定であって、個人対法人あるいは法人対法人のような場合は、使用貸借という考え方は原則として認められていません。そのかわりに「**無償返還**」いう制度があります。

これは、会社が将来、無償で借地権を返還する約束をしている場合には、借地権を０と考えて、会社の借地権を認識しないというものです。

社長が会社から権利金をもらわないのであれば、社長と会社の連名による「土地の無償返還に関する届出書」という書類を税務署に提出しましょう。

そうすれば、会社の借地権はゼロなのですから、会社が社長からタダで借地権をもらったとして、法人税等が課税されるという規定は適用されません。

なお、理論的には会社の借地権がゼロなのですから、社長に相続が発生したときには、その土地は借地権のない更地としての評価となりそうですが、実際には更地価額の80％で評価できることになっています。

社長にはいろいろな
相続税対策がある

生命保険に入って会社が保険料を負担する

　中小企業の場合は、資金的に余裕がないため、たとえば創業30年のオーナー社長が死亡したとしても、なかなか退職金を支払うことはできません。

　しかし、退職金の支払い原資を生命保険に求めれば、この問題を解決できます。つまり、**会社が生命保険契約の契約者**となって、**被保険者を社長、保険金受取人を会社**としておけば、社長が死亡した場合には会社に保険金が入るので、会社はこのお金で死亡退職金を支払うことができるわけです。

　死亡退職金には、生命保険金と同様に「500万円×法定相続人の数」という非課税枠があるので相続税上、優遇されており、納税資金の準備としても適しているといえるでしょう。

　会社が契約者で、保険金の受取人が会社の場合は、支払う保険料も会社の経費（積立て部分の保険料などを除く）となるので、法人税の節税にもつながります。

役員退職金規定を作成しておこう

　社長の死亡退職金について、税務当局とのトラブルを避けるためには、事前に「役員退職金規定」を整備しておく必要があります。どういう規定にもとづいて、社長に死亡退職金を支払ったかが明確になっていないと、法人税の計算上、損金算入が認められなかったり、過大退職金として一部否認されたりすることがあるからです。

　また、役員の退職金の支払いは、株主総会の決議事項となっているので、支給にあたっては、株主総会議事録や取締役会議事録を整備しておく必要があります。

会社への貸付金は債権放棄を検討しよう

　会社の資金繰りが苦しいと、社長が会社へお金を貸し付けるといったことは、中小企業ではよく行なわれている光景です。

　また、社長が積極的に貸し付けていなくても、社長への報酬が未払いになったりすると、本来は会社が社長に支払わなければならないお金なので、社長から会社への貸付金ということになります。

　中小企業は、一般的にはほとんどが同族会社ですから、社長のなかには、個人も会社も同じであり、フトコロは一緒だと思っている人が多く見受けられます。このように考えている社長さんにとっては、自分が会社にお金を貸しているという意識はほとんどありません。

　しかし、社長さんの意識がどうであれ、社長が死亡すれば会社への貸付金は立派な相続財産として相続税の課税対象になります。

　社長が会社へ貸していた貸付金が数千万円にのぼる、ということは決して珍しくありません。返済してもらえるかどうか不安定な貸付金が、相続財産となって相続税が課税されるのを避けるためには「債権放棄」を行なうことです。

　債権放棄とは、会社に対する貸付金を免除してあげることですが、会社は債権を免除してもらえれば、免除された債権金額相当の利益を得たことになるので、その金額が法人税等の課税対象となってしまいます。

　したがって、債権の放棄は、会社に債権放棄金額を上回る繰越欠損金があるため法人税等は課税されない、などの環境が整っているときに行なわなければなりません。

貸付債権の贈与を検討してみよう

　債権放棄をすれば、会社は免除してもらった金額だけ、返済をしなくてよくなったわけですから、前述のようにその金額が利益となり、会社に法人税等が課税されることになります。

債権放棄金額を上回る繰越欠損金があれば、法人税等は課税されませんが、繰越欠損金を上回る貸付債権がある場合は、上回る分を放棄すればその分、法人税等が課税されてしまいます。

　そこで、このようなケースでは、貸付債権を子供や孫に贈与すれば、相続税対策になります。また、そもそも債権放棄をするということは、会社に貸しているお金を返してもらえなくなるということですから、なかには、「いずれ会社の資金繰りがよくなれば返済してもらうつもりだけれど、それがいつになるかわからない。かといって、放棄してしまえば永久に返してもらえなくなるわけだからそれもいやだ。ただ、自分に何か（死亡）あれば相続税の対象になるというのも釈然としない」と考える社長が多く見受けられます。

　まさに、このようなケースで、貸付債権を134ページで説明した生前贈与として行なえば、相続税対策になるだけではなく、会社の資金繰りが好転すれば最終的に親族に貸付金が返還されるため損をしたことにはならないわけです。

8章

遺産分割の注意点と
遺言書による"争族"防止対策

たくさん相続する人は
くれぐれも謙虚に！

相続税がかからなくても分けるモノがないとモメる

　「相続争いが起きるなんて、よっぽどの資産家なのだろう」と世間では思われがちですが、私の経験からいうと、**主な相続財産が自宅だけで、金融資産が多少あるといった相続のほうがモメる場合が多く**、またモメたときには深刻になります。

　相続財産である親の自宅に同居している相続人がいる場合は当然、その相続人にとっての生活の本拠はその家ですから、その家を相続人全員で分けるとなれば困ってしまう。

　兄弟関係がうまくいっていれば、親と同居していた相続人がその家を相続し、その他の相続人は預貯金を相続する、あるいはその家を相続する相続人が無理なく支払える程度の金銭を代償金として支払うことで遺産分割協議が成立します。

　しかし、兄弟関係がうまくいっていなければ、その家を売却して売却代金を法定相続分で分けることになります。そうなると、親と同居していた相続人は「家を追い出された」形となって、その他の兄弟に対して恨みを抱くことになり、その後の親戚づきあいもなくなってしまう、ということになりかねません。

二次相続には要注意！

　両親のどちらかが健在ならば、通常は相続争い（争族）とはなりませんが、**両親とも亡くなってしまったときの相続は要注意**です。

　一般的には、親と同居していた人が相続人代表となり、葬式から相続税の申告まで仕切ることが多いでしょうが、この立場になるケースが一番多いのが長男です。

　子供の権利は平等だといっても、完全に平等（法定相続分どおり）

に遺産を分けようとすれば、家屋敷から書画骨董にいたるまですべて売り払って現金化し、これを分配するしか方法はありません。

ふつうは、たとえ遺言がなくとも、親と同居して面倒を見てきた人がいて、特にその人が長男であれば、兄弟は暗黙のうちに「親の面倒を見てきた長男がある程度多く相続するのはやむをえない」という合意ができているものです。

しかし、モメるケースで多いのは、「俺は長男だし、親の面倒を見てきたのだから、多く相続するのはあたりまえだ。おまえたちは黙ってハンコを押せばいいんだ」という態度で、長男が相続を仕切った場合です。長男がこのような態度でのぞむと、他の兄弟は、「もう頭にきた。兄貴がそんなことを言うのならば、ゼニカネの問題じゃない。自分の権利（法定相続分）を主張して徹底的に争ってやる」というように発展します。こうなると感情のもつれによる争いですから、なかなかまとまらなくなります。

実際、私の事務所に相続税の申告の依頼に訪れるのも、親と同居していた長男というケースが最も多いのですが、相談に来た長男の方には必ず次のように釘をさすようにしています。

「絶対に長男風を吹かせないようにしてください。長男だからといって、いばらない。あなたが一番多く相続するのだから、謙虚な態度で相続の情報はきちんと他の兄弟に伝えるようにしてください。

あなたは一番多く相続して当然だと思っているようですが、法律的には子供の権利は平等なのです。あなたが謙虚な態度でのぞまなければ、まとまるものもまとまらなくなります。

それから、兄弟が集まって相続の話をするときは、奥さんは同席しないほうがいいでしょう。テキパキしている奥さんなら、特に同席しないほうがいいです。他の兄弟は、奥さんがいろいろあなたに吹き込んでいると邪推する可能性があるからです」

くれぐれも、争いなく遺産分割ができるようにしてください。相続争いになれば、結局は相続人全員が精神的、金銭的に損をすることになるのですから。

8-2

遺言書がない場合の遺産分割②

共有相続はよく考えないと、トラブルのもとになる

 共有相続は孫子の代に禍根を残す

　遺産分割の際に、兄弟で不動産を共有にして相続する場合がありますが、「その不動産を売却して売却代金を兄弟で分ける」というケース以外は、**兄弟での共有相続は考えもの**です。

　兄弟で不動産を共有にしてしまうと、共有者全員の意見がまとまらなければ、売却することも有効活用することもできず、ただ所有しているだけということにもなりかねません。

　それでも、兄弟で所有している間はまだいいのですが、それぞれの子供の代になると、いとこ同士で不動産を所有しあっていることになるので、第三者に話をまとめてもらわなければ、当事者間では何も決められないという状態になってしまいます。

◎「共有名義」より「共有物分割」を◎

長男A、長女B、次男Cの兄弟
3人が120坪の土地を3分の1
ずつ共有で相続した

長男A $\frac{1}{3}$	
長女B $\frac{1}{3}$	**120坪**
次男C $\frac{1}{3}$	

共有持分から各自40坪ずつの単独所有
にするために**「共有物分割」**を行なう

長男A	長女B	次男C
40坪	**40坪**	**40坪**

166

このようなことにならないためにも、兄弟で不動産を共有相続することは避けて、分割可能な土地であれば分筆して、それぞれが相続するというようにし、分筆のしようがない不動産であれば「代償分割」（☞212ページ）をうまく利用することを考えるべきでしょう。

すでに共有で相続している場合は、前ページの図のように**共有物分割**をして、それぞれの単独名義にするようにし、面積的に共有物分割が不可能であれば、兄弟で所有している間に売却して、自分たちの子供の代にまでツケをまわさないようにしなければなりません。

二次相続を考えて母親と共有相続を

２章で説明したように、配偶者は１億6,000万円または法定相続分のいずれか多い金額まで相続しても、**配偶者の税額軽減**の規定により、相続税は課税されません。

そこで、相続人が被相続人の妻と子供のケースで、納付する相続税額が数千万円、数億円になるといった場合は、通常は妻の相続する割合を50％前後にして、残りの50％前後を子供が相続するという遺産分割を行ないます。なぜなら、以下の事例で示すように、ワンクッションおいたほう（下記事例の⑶のケース）が、一次相続、二次相続の合計税額が安くなるからです。

【事例】被相続人甲の遺産は５億円で、相続人が妻と子供２人（長男と長女）の場合の相続税はいくらになるか。なお、妻は甲の遺産を相続するまで財産はないものとする。

⑴**一次相続で妻がすべて相続した場合の一次相続と二次相続の相続税額の合計額（妻は甲が死亡してから10年経過後に死亡）**
①甲の相続時の相続税（相続税の総額１億3,110万円）
  ●妻の相続税…6,555万円（配偶者の特例適用後）
  ●子の相続税…０円
②妻の相続時の相続税（妻の遺産は相続した５億円がそのまま残っ

ているとする)
- ●子の相続税… 1 億5,210万円

③一次相続、二次相続の合計税額…①＋② = **2 億1,765万円**

⑵**一次相続で子がすべて相続した場合の一次相続と二次相続の相続**
  税額の合計額

①甲の相続時の相続税（相続税の総額 1 億3,110万円）
- ●妻の相続税… 0 円
- ●子の相続税… 1 億3,110万円

②妻の相続時の相続税（妻は何も相続していないため遺産は 0 ）
- ●子の相続税… 0 円

③一次相続、二次相続の合計税額…①＋② = **1 億3,110万円**

⑶**一次相続で妻と子が 2 分の 1 ずつ相続した場合の一次相続と二次**
  相続の相続税額の合計額

①甲の相続時の相続税（相続税の総額 1 億3,110万円）
- ●妻の相続税… 0 円（配偶者の特例適用後）
- ●子の相続税…6,555万円（ 1 億3,110万円×50％）

②妻の相続時の相続税（妻の遺産は相続した 2 億5,000万円がその
  まま残っているとする）
- ●子の相続税…4,920万円

③一次相続、二次相続の合計税額…①＋② = **1 億1,475万円**

　上記事例で計算したように、⑶のケースが相続税は最も安くなり
ます。このことから、妻の相続割合を50％前後にする場合は、次の
相続のことを考えて、最終的に長男が相続する不動産は長男と甲の
妻との共有にし、長女が相続する不動産であれば長女と甲の妻との
共有にする、という具合にしておけば、甲の妻の相続のときに、そ
れぞれの相続人は自分の母親と共有になっていた分を相続すること
になるので、争いなく分割がスムーズに行なわれます。

モメごとを防ぐ 「遺産分割協議書」はこう書く

 遺産分割協議書に特に定まった形式はない

「**遺産分割協議書**」の書き方には、特別定まった方式はありませんが、まずは、すべての遺産を１つの遺産分割協議書にまとめるのか、財産の種類ごとに複数の遺産分割協議書を作成するのかを決める必要があります。

このようにいうと、「財産の種類ごとに遺産分割協議書なんて作成できるの？」と疑問に思うかもしれませんが、遺産分割協議書は大変に重要な書類であり、被相続人から相続人に財産の名義変更をするためには、さまざまな人の目に触れます。

たとえば、農地の納税猶予を受けるためであれば、農業委員会（地元の農家が農業委員になっている）に、遺産分割協議書を提出しなければなりませんし、預貯金や株式の解約・名義変更の手続きをする際に、金融機関から提出を求められる場合もあります。

すべての財産を１つの遺産分割協議書にまとめられれば便利なのですが、「他人に財産の全貌を知られてしまう」という問題があります。私が手がける相続では、次ページのモデル例のように、基本的には１つの遺産分割協議書ですませていますが、"遺産の全貌を他人に知られたくない"ということであれば、種類別に複数の遺産分割協議書を作成することもできるわけです。

 代償分割を使うと遺産分割がスムーズになる

相続における遺産分割のしかたには「**代償分割**」という方法があります（☞９章、212ページ）。代償分割は、遺産をスムーズに分割するためには非常に便利な分割方法であり、私が手がける相続の際の遺産分割では、ほとんど代償分割を交えた遺産分割協議書を作成

遺 産 分 割 協 議 書

被 相 続 人 甲 　 　 （ 　 　 　 年 　 月 　 　 日死亡）

　最 後 の 住 所　　××県××市××町・・・
　最 後 の 本 籍　　××県××市××町・・・

　の遺産について、同人の相続人において分割協議を行なった結果、次のとおり決定した。

1、相続人Aが取得する遺産

　　　◇　××市××町×丁目100番1　　畑　　　　600㎡
　　　◇　××市××町×丁目5番3　　　宅地　　　300.15㎡
　　　◇　××銀行××支店
　　　　　普通預金　口座番号××××　金500,000円
　　　　　定期預金　口座番号×××△　金8,000,000円

2、相続人Bが取得する遺産

　　　　　　　　_____

4、相続人Cは相続人Aより代償分割として金1,500万円を取得する。

5、上記に掲げる以外の財産及び債務があるときは相続人Aが相続取得する。

以上のとおり、相続人全員による遺産分割協議が成立したので、これを証するため本書を作成し、署名捺印する。なお、他に相続人はいない。

　　　　　　年 　　月 　　　日

（住　所）××県××市××町・・・　　　　　実印

（氏　名）　A

（住　所）××県××市××町・・・　　　　　実印

（氏　名）　B

（住　所）××県××市××町・・・　　　　　実印

（氏　名）　C

しています。

　しかし、代償分割は、「Aが〜を相続する」かわりに「BがAから代償金として〜円を取得する」といった形なので、課税当局に贈与と間違われる場合があります。

　したがって、代償分割を行なう場合は、遺産分割協議書に「代償分割である」ことをきちんと明示しておきましょう。遺産分割協議書への記載のしかたは、モデル例の4項を参照してください。

「その他の財産」はひとまとめにする

　遺産分割協議書に、遺産を1つずつ特定してすべての財産を記載するのはなかなか大変です。かといって、遺産分割協議書に載っていない遺産があとから出てきて、またその分の遺産分割協議書を作成するというのも大変な手間です。

　被相続人の配偶者が健在の場合などは、「その他の遺産は配偶者Aが相続する」といった形にしておけば、モレがあっても改めて遺産分割協議書を作成する必要がないので便利です。遺産分割協議書への記載のしかたは、モデル例の5項を参照してください。

8-4

"争族" 防止の決め手は やっぱり「遺言書」

📝 配偶者が死亡したら二次相続対策で遺言書が必要

　よく、夫婦そろって私の事務所を訪れて、「将来、"争族"とならないように遺言を作成したい。相続税も心配なので、節税と争い防止の両方を考えた遺言書の作成をお願いしたい」といった相談をされることがあります。

　このようなケースでは、夫が大変真剣に自分の死亡後のことを考えていることが多いのですが、通常、遺産争いが起きるのは、妻（妻が先に死亡したときは夫）が死亡した後の**二次相続**のときです。

　「夫→妻」の順で相続が発生すると仮定すると、夫が死亡した一次相続のときは、母親と裁判沙汰を起こそうと考える子供はめったにおりません。したがって、母親の考えで比較的スムーズに遺産分割協議を終えることができます。

　しかし、母親が死亡した二次相続のときは、当事者が子供だけになるので、なかなか話し合いがつかず、結局、家庭裁判所に調停を依頼するといったことが起こってきます。

　二次相続（母親の相続）でモメそうかどうかは、一次相続（父親の相続）のときの状態で、だいたいはわかります。

　私がかかわる遺言書作成の大半は、一次相続のときに相続税の申告を依頼されて、その申告は何とか無事終了したけれども、話し合いが難航して、「次の母親の相続のときには間違いなくモメるぞ」という場合です。

　このようなケースでは、母親自身も"自分の相続のときには、大変なことになるに違いない"と、うすうすわかっているので、二次相続が無事終了するように、遺言書をつくっておきたいと、私に相談されるわけです。

もちろん、ふた親そろっているときの一次相続対策としても、遺言書をつくることは大変意義のあることなのですが、「母親と子供の仲がしっくりいっていないので、遺言書を残しておかないと妻の老後が心配だ」「会社の経営は専務の長男に任せるつもりだけれども、遺言書を残して会社財産を長男が相続できるようにしておかないと会社が大変なことになる」「私と妻の2人ともボケてしまったら、子供たちが大変だ」といったような場合を除いて、**夫または妻が死亡して、夫婦が1人になってしまったときこそ、遺言を真剣に考える必要があります。**

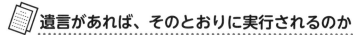 遺言があれば、そのとおりに実行されるのか

自分自身の財産をどのように分けようが、それは基本的に本人の自由です。しかし、相続とは自分が死んだ後のことですから、**"自分がどのようにしたいか"という意思表示**をしておかなければ、それを実現することはできません。

自分の財産をどのように分配するか、それを自由に決められるのが遺言であり、**遺言書がある場合は、遺言どおりに遺産分けが実行**されることになります。

たとえば、「自宅は妻に相続させる」とか「甲株式会社の株式は長男に相続させる」といった具合に遺言書に書かれていれば、そのとおりに遺産分割が行なわれるというわけです。

遺言書は絶対ですので、遺言書があれば遺言どおりに遺産分割を行なうことができるのですが、注意しなければならないのが「**遺留分**」です。

遺留分とは、1章でも説明しま

◎法定相続分と遺留分◎

	法定相続分	遺留分
妻	$\frac{1}{2}$	$\frac{1}{4}$
子A	$\frac{1}{6}$	$\frac{1}{12}$
子B	$\frac{1}{6}$	$\frac{1}{12}$
子C	$\frac{1}{6}$	$\frac{1}{12}$

したが、自分の財産だからといって無制限に自由を認めると、残された遺族の生活保障ができないなどの理由により、一定範囲の相続人に対して最低限相続できる財産を保障している制度です。

遺留分は、遺言によって遺留分を侵された相続人が、遺留分を侵害している者に対して、相続開始日（遺言の内容を知った日）から1年以内に「**遺留分侵害額請求**」を起こしたうえで、通常は法的に争って自分の遺留分に相当する遺産を取り戻すという流れになります。

したがって、たとえば「全財産を長男Aに相続させる」という遺言は、もちろん遺言として有効であり、長男Aは全財産を自分の名義に変更することができるのですが、他の相続人から「遺留分侵害額請求」を起こされたら、請求された相手に対して相手の遺留分相当額を返還しなければならなくなるのです。

争いを回避するという意味では、なるべく遺留分を考慮した遺言書を作成すべきでしょう。

遺言書を残しておいたほうがいいケースの代表例

①子供のいない夫婦の場合

子供のいない夫婦の場合、遺言書がなければ、夫（または妻。以下同じ）が死亡したときには、夫の兄弟と遺産分割協議を行なわなければならず、このような事態は妻にとって大変なストレスです。**兄弟には遺留分がないので、遺言書を残しておけばすべて妻に相続させることができます。**

②遺産が自宅と預金少々で、同居の子供がいる場合の二次相続

相続財産が自宅と預金少々の場合は、相続税はかからないことがほとんどですが、同居している子供がいると164ページで触れたように、特に二次相続の際に争いが起きやすいため、ふた親が亡くなったときの自宅をどうするかを生前から子供たちと話し合い、その内容を遺言にしておくとよいでしょう。

自筆証書遺言と公正証書遺言はどちらにすべきか

自筆証書遺言と公正証書遺言の違いは何か

遺言書には、大きく「自筆証書遺言」「公正証書遺言」「秘密証書遺言」の3種類がありますが、通常、遺言書という場合は、**自筆証書遺言か公正証書遺言**のどちらかをさしますので、この2つの違いをみていきましょう。

自筆証書遺言

自筆証書遺言とは、**遺言する人が自分で書いたもの**をいいます。自筆証書遺言ですから、ワープロで作成したものや他人の代筆は無効になります。

自筆証書遺言は、自分で書いて保管しておくわけですから、**費用がかからずに、簡単にできる**というメリットがあります。

しかし、デメリットもあります。その存在を信頼できる人に明らかにしておかなければ、遺言書そのものが発見されずに終わってしまうことがありますし、**常に偽造、変造の恐れがある**ため、その信憑性が裁判で争われたりします。

また、自筆証書遺言は、相続発生後に**家庭裁判所で検認**を受けなければ有効になりません。

家庭裁判所での検認手続きとは、自筆の遺言書の保管者や発見者がそれを家庭裁判所に持っていって、家庭裁判所が遺言書としての形式が整っているかをチェックすることです。

具体的には、まず家庭裁判所が相続人全員に対して、「いついつに遺言書の検認をするので、家庭裁判所に来てほしい」との通知をします。そして、遺言書を相続人全員に見せて、形式が整っていれば、その自筆の遺言書に家庭裁判所の検認済みの印を押します。

◎「自筆証書遺言」のモデル例◎

遺 言 書

　遺言者甲野太郎は、この遺言書により下記のとおり遺言する。

1　長男甲野一郎には○○○を相続させる。

2　長女乙野花子には○○○を相続させる。

3　他はすべて妻甲野恵子に相続させる。

令和○○年○月○日

　　　　　　　　　　　　　　　　　　　　遺言者　甲野太郎　㊞

　この検認済みの印が押されて初めて遺言書として有効になり、この自筆の遺言書をもとに、不動産の名義変更や、預貯金の解約手続きなどができることになります。

　なお、家庭裁判所での検認は、形式が整っているかどうかを確認するだけで、**遺言書の信憑性を判断するわけではありません。**

　だいたい遺言書には、平等な遺言というのは少なく、多く相続する人と少なく相続する人がでてしまうのが実情です。そうすると、少なく相続する人が「この字はお母さんの字ではない」とか「この時期は、お母さんはボケていたから、お兄さんが無理やり書かせたに違いない」といった主張をすることが多く、この場合は、家庭裁判所ではなく、地方裁判所に**「遺言無効確認の訴え」**を起こして裁判所で争うことになります。

　なお、自筆証書遺言が有効となるためには、次の4つの要件を満たす必要があります。

①遺言者が遺言の全文を自筆で記載すること

　ワープロや代筆は認められません。また、録音テープやビデオに

よるものも認められません。

②日付が記載されていること

　日付が入っていない遺言書は無効です。また、この場合の日付も自筆で記載しなければなりません。遺言書が何通もある場合は、あとの日付のものが有効となります。

③署名があること

　自筆による署名がなければ無効となります。

④押印があること

　押印がなければ、原則として無効となります。この場合の押印は、認め印でもかまいませんが、後々のトラブルを避けるためには、実印で押印したほうがいいでしょう。

　なお、民法改正により、それまでは財産目録も含めてすべて自筆が要件でしたが、平成31年1月13日以降作成の財産目録については、パソコンで作成したものでもよいことになりました。

　また、令和2年7月10日からは、自筆証書遺言を法務局で保管してくれる制度が開始されました。

　法務局で自筆証書遺言を保管する際には、本人確認と形式審査を行ないますので、偽造、変造を防ぐことが可能になると考えられます。

　さらに、自筆証書遺言のデメリットの一つであった家庭裁判所の検認手続きが不要になるので、公正証書遺言に比べての自筆証書遺言のデメリットのほとんどが解消されると期待できます。

公正証書遺言

　公正証書遺言は、**公証役場**において、遺言者がその内容を公証人に口頭で伝え、**2人以上の証人の立会い**のもと、公正証書として作成するものです。遺言者が、体力的に公証役場まで行けないような場合は、場所を指定して公証人に来てもらうこともできます。

　公正証書遺言のメリットは、偽造、変造の恐れがないため、**法的**

177

に最も確実であり、自筆証書遺言のようにその信憑性が裁判で争われたりする可能性がほとんどないことです。

そもそも公証役場の公証人とは、もともと裁判官や検事だった人が定年後に弁護士を開業するかわりに任命されている人たちがほとんどなので、公証人がつくった公正証書には絶対的な権威があります。

したがって、自筆証書遺言のように「この内容はニセものだ」と訴えられたところで、まず覆ることはありませんので、**争いを避けるなら絶対に公正証書遺言のほうがいいでしょう。**

公正証書遺言は、自筆証書遺言のように家庭裁判所の検認手続きも不要ですから、そのまま遺言内容を執行することができます。

デメリットとしては、費用がかかることと、遺言内容を公証人や証人に知られてしまうことです。

公正証書遺言を作成する場合は、公証役場に行って公証人と打ち合わせをしたうえで、いろいろな書類を整えて公証人に作成してもらうことになります。実は、このやり取りはけっこう大変なので、費用はかかりますが、弁護士や司法書士、税理士などの専門家に依頼して、公証人とやり取りして遺言書を作成してもらい、遺言者は公証役場で署名と押印をするだけというようにしたほうが、ストレスがなくてよいと思います。

ちなみに、私の事務所では、後述するように節税と争い回避を考慮した公正証書遺言の作成のお手伝いをしています。

公証人の手数料は、遺産額1億円の場合で5万円から10万円くらいですが、専門家に依頼する場合の費用は、これとは別に発生し、その金額は専門家によってまちまちなので、事前に確認しておいたほうがいいでしょう。

それぞれのメリット・デメリットを一言でいうと

自筆証書遺言と公正証書遺言のメリット、デメリットを一言でいうと、自筆証書遺言は「つくるのは簡単だが、残された相続人が苦

◎相続が発生してからの遺産分割の流れ◎

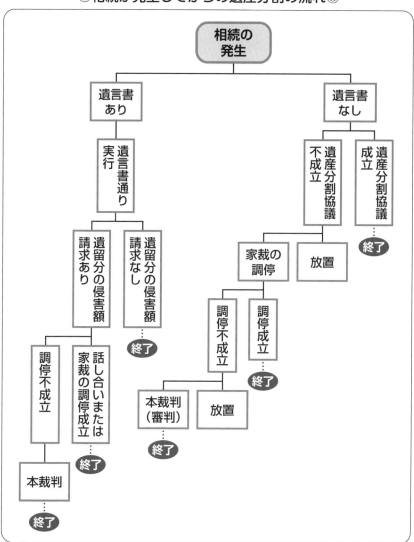

労する」、それに対して公正証書遺言は「つくるのは大変だが、残された相続人は楽である」ということにつきるでしょう。

遺言書がある場合とない場合の遺産相続の流れ

　相続が発生すると、亡くなった人の遺産分割を行なうことになりますが、いつまでに遺産分割をしなければならない、と法律で決められているわけではありません。

　つまり、亡くなった人の遺産は、その亡くなった瞬間から法定相続人の共有財産ということになります。したがって、遺産分割協議が成立しないでモメてしまえば、預金の解約もできないといったように、相続人が不利になるだけなので、いつまでに遺産分けをしなければならないという規定は存在しないのです。

　よく、10か月以内に遺産分割を行なわなければならないと思っている人がいますが、相続税の申告納税期限は死亡から10か月以内のため、遺産分割協議が整っていないと相続税上の各種特例が受けられないので、10か月以内に遺産分割協議を成立させましょうといわれているのです。

　前ページの図は、相続が発生した場合に遺言書がある場合とない場合の遺産分割の流れをまとめたものです。遺言書なしの場合は、遺産分割の話し合いがつかなければ、裁判所のお世話になるか、そうでなければ亡くなった人の名義のまま預金も不動産もすべての財産が凍結されてしまい、放置するしかないという状態になってしまいます。

パターン別「遺言書」の モデル例と作成ポイント

 節税と争いの回避を踏まえた一般的な遺言書

　私の事務所で、実際に作成した遺言書をもとに、パターン別の作成例をいくつか紹介していきます（名前はすべて仮称です）。作成ポイントも付記しましたので、参考にしてください。

　まずは、一次相続のときの状況を踏まえて、二次相続対策のために公正証書として作成した遺言書です。どのような意図で作成し、また、どのような特徴があるのか、その一部を抜粋したうえで、相続税の節税、納税への備えはどうなっているのかなどを解説し、ポイントとしてあげておきます。

　なお、作成する公証人によって言い回しには違いがあります。

- **遺言者**…山田花子　80歳
- **相続人**…長男山田太郎、二男山田次郎、長女鈴木京子
- **概況**…遺言者は大地主であり、アパート、駐車場のほかに生産緑地も所有している

令和○○年第○○号

遺 言 公 正 証 書

　本公証人は、遺言者山田花子の嘱託により、証人弓家田良彦、証人乙野Ａ子の立会いのもとに遺言者の口述を筆記し、この証書を作成する。

第1条　遺言者は、その所有する次の不動産（遺言者の有するのが持分であるときはその持分全部）を遺言者の二男山田次郎（昭和

48年2月20日生）に相続させる。

（不動産）

　　　　土地

　　　所在　立川市高松町○丁目

　　　地番　100番1

　　　地目　宅地

　　　地積　520.12㎡

　　　以上の遺言者の持分2分の1

第2条　遺言者は、その所有する次の不動産（遺言者の有するのが持分であるときはその持分全部）を遺言者の長女鈴木京子（昭和50年3月30日生）に相続させる。

（不動産）

　　　　土地

　　　所在　立川市高松町○丁目

　　　地番　200番5

　　　地目　宅地

　　　地積　360.88㎡

　　　以上の遺言者の持分2分の1

第3条　遺言者は、その所有する前条までに記載した以外の次の財産を遺言者の長男山田太郎（昭和44年5月15日生）に相続させる。

1　この遺言に記載のない不動産のすべて

2　金融資産

　　　遺言者が取引する金融機関にて契約する遺言者名義の預貯金債権等の預託財産のすべて

3　手持現金および家財・家具等を含むその余の財産のすべて

第4条　遺言者は前記長男山田太郎において、前条記載の財産を相続する代償分割として、前記二男山田次郎と前記長女鈴木京子に対し、その課税される各相続税相当額を支払うものと定める。

第5条　遺言者は、祖先の祭祀および遺言者の葬儀を主宰すべき者として前記長男山田太郎を指定する。

第6条　遺言者は、この遺言の遺言執行者として次の者を指定し、第2項記載の権限を付与する。

所在地　東京都昭島市朝日町2丁目4番12号

名　称　税理士法人弓家田・富山事務所

第2項（遺言執行者の権限）

（1）この遺言の内容を実現するために不動産に関し、相続・遺贈による所有権移転登記手続き等を行ない、遺言者名義の預貯金等の払戻し、解約、名義変更等に必要な一切の権限

（2）遺言者名義の貸金庫・保護預かり契約がある場合は、これを開扉、内容物を収受し、この貸金庫・保護預かり契約を解除する権限

（3）この遺言を執行するにあたり必要と認めるときは、その任務を第三者に行なわせる権限

（付言事項）

　私も今年で80歳を迎え、山田家の将来を考えて本日、遺言することにしました。

　私のこれまでの人生は、よき家族に恵まれて大変幸せなものでした。皆に感謝しています。今回の遺言については、夫正の相続の際に二次相続のことを考えて次郎と京子が最終的に相続する予定の土地を私と共有名義にしましたので、今回このような遺言にしました。

　長男の太郎は、先祖代々受け継がれてきた山田家の財産をしっかり守っていくとともに、山田家が今後ますます発展するように努めてください。次郎、京子は、太郎を中心に今後も山田家をいっそう盛り立てていってください。

　太郎は、次郎と京子に何か困ったことがあれば、後継者としてよく面倒を見てあげてください。………（以下、略）

　もともと、この遺言書は山田花子の夫正の相続税申告をした際に、二次相続を踏まえた最終形を想定した遺産分割を行なったことに対してのものです。その際に、最終的に次郎と京子が相続する予定の

不動産を母花子と次郎、京子の共有にすることで、皆の理解を得ていたものです。特に、モメているわけではないのですが、実際の二次相続が起きたときに、スムーズに相続手続きと申告ができるよう公正証書遺言にしたわけです。

この遺言書の特徴とポイントは以下のとおりです。

【ポイント①】

後継者以外が相続する財産を特定して、それ以外の財産を第3条で後継者である長男太郎が相続することにしています。そのため、財産にモレが起きる心配がなく、簡潔な遺言となっています。

【ポイント②】

第4条で代償分割の方法により、後継者の太郎が次郎と京子の相続税を負担することになっています。このため、次郎と京子は相続税の心配をすることなく、不動産をそのまま相続できます。また、全体の相続税をまかなうための土地を準備しているため、相続が発生したら、その土地を処分することにより納税する計画ができています。

さらに、それ以外の財産のすべてを長男に相続させることで、小規模宅地の減額特例、相続税の納税猶予などの各種特例規定が適用できる状態になっています。

【ポイント③】

第6条で当事務所が遺言の執行者となっているため、相続が発生した際には、すべて当法人の実印と印鑑証明で金融資産の解約、名義変更手続き等ができます。相続人は何も面倒なことをしなくてすみます。

なお、「遺言執行者」とは、遺言の内容を実現させる者をいいます。遺言執行者は、すみやかに不動産、預貯金、有価証券などの調査をして財産目録を作成したうえで、遺言に従って財産の分配を行ないます。遺言執行者が指定されている場合は、相続人が勝手に財産を分配、処分することはできません。後継者たる相続人を遺言執行者に指定する遺言書も多いのですが、たとえばこの遺言書のケー

スで、遺言執行者に長男太郎を指定していると、面倒な解約分配手続き等をすべて長男がやらなければならなくなるため、子供たちに面倒なことをさせたくないという遺言者の要望により、当事務所が遺言執行者となっているわけです。

【ポイント④】

「付言事項」が記載されています。付言事項は、遺言者の思いなどを記載しておくもので、特に法的効力のあるものではありませんが、「なぜこのような遺言書を残したか」という思いを書いておくことにより、相続人の納得を得られやすいという効果があります。当事務所で作成する遺言書では、たいてい付言事項を入れるようにしています。

 ## 全財産を長男に相続させる遺言書

　以下の遺言書は、すべての財産を長男に相続させるという内容のものです。長男以外に、長女と二男がいます。遺留分を考慮すると、このような遺言書は本来望ましくないのですが、遺言者の願いによって作成したものです。

- ●遺言者…加藤文子　77歳
- ●相続人…長男加藤武
- ●概況…加藤文子の亡夫和夫は会社を経営していたが、和夫が死亡した後、法人の株式と法人が使用している事務所の土地・建物を加藤文子と長男武が所有している。

遺言書

第1条　遺言者は、その所有するすべての財産を遺言者の長男加藤
　武（昭和53年5月5日生）に相続させる。
　1　遺言者が所有する不動産のすべて

2　金融資産
　　　　遺言者が取引する金融機関にて契約する遺言者名義の預貯
　　　金債権等の預託財産のすべて
　　3　手許現金および家財・家具等を含むその余の財産のすべて
第2条（祭祀の承継）……（略）
第3条（遺言執行者）……（略）
（付言事項）
　この遺言書は、長男武がお父さんの築き上げた会社をしっかり守っていけるように、このような遺言にしました。明子と次郎はお父さんの相続のときにそれなりのものを相続しているので、加藤家のため××会社のために我慢してほしいと思います。……（中略）
　家族みんなが仲よく健康に過ごしていくことを願っています。

　加藤文子の遺産は、会社の株と会社が使用している不動産が中心であったため、後継者の武がスムーズに会社を経営していけるようにこのような遺言書にしたものです。長女と二男は遺言書のうえでは何も相続できないことになっていますが、それぞれ1,000万円の死亡保険金の受取人となっています。

　本来、1,000万円では遺留分に満たないのですが、加藤文子によれば、「長女も二男もよくわかっているから文句をつけてくることはないと思う」とのことでした。

　遺留分を考慮していない遺言書はあまり好ましくはないのですが、後継者が会社を引き継ぐなどの場合、遺言書がなければ遺産分割協議をしなければならず、話がまとまらないと会社の経営にも影響することが考えられます。

　長男がすべて相続するという公正証書遺言があれば、そのとおりに名義変更ができます。このため、仮に遺言者文子の思いに反して、長女や二男が遺留分を持ち出しても、名義変更は終わっているので、長男武はいわば受身の立場でいればいいことになります。つまり、遺留分侵害額請求があっても名義変更が終わっているので、会社経

営に影響することなくゆっくり対処できることになるわけです。

COLUMN

「相続税の申告要否検討表」が送られてくる!?

　人が亡くなって相続が発生すると、申告期限の３～４か月ぐらい前に税務署から「相続税の申告等についてのご案内」が送られてくることがありますが、そのなかにはたいがい「相続税の申告要否検討表」と称するフローチャートのようなものが入っています（税務署によって多少異なります）。

　これは、平成27年の税制改正により相続税の申告件数が倍増した結果、申告漏れをなくそうと課税当局が注意喚起を促しているものと考えられます。

　このようなものが送られてくれば、遺族は"これはきちんと申告をしないと大変だ"という気持ちにさせられますし、基礎控除額を超える遺産があれば、最後に「**相続税の申告が必要です**」という結果に行きつくようにできています。

　また、送付される書類のなかには、税務署への持参書類を明記して事前の面談予約を呼びかける用紙を入れてくる税務署もありますので、基礎控除額を超える遺産があれば相続税の申告を逃れられないと思ったほうがいいでしょう。

　188、189ページは、国税庁のホームページに掲載されている「相続税の申告要否検討表」（記載例付き）です。

相 続 税 の 申 告 要 否 検 討 表

やま折り

※用紙を点線に沿ってやま折りし、矢印に従い裏面に転記してください。

1 亡くなられた人の住所、氏名（フリガナ）、生年月日、亡くなられた日を記入してください。

住所	東京都○○区○○5丁目3番1号	氏名	（ コクゼイ タロウ ） 国税 太郎	生年月日	昭和 18年 10月 19日
				亡くなられた日	令和 3年 5月 10日

2 亡くなられた人の職業及びお勤め先の名称を「亡くなる直前」と「それ以前（生前の主な職業）」に分けて具体的に記入してください。

亡 く な る 直 前：	無職	（お勤め先の名称： － ）
それ以前（生前の主な職業）：	会社役員	（お勤め先の名称： ○○商事㈱ ）

3 相続人は何人いますか。相続人の氏名、住所及び亡くなられた人との続柄を記入してください。

	相続人の氏名	フリガナ	相続人の住所	続 柄
①	国税 花子	コクゼイ ハナコ	東京都○○区○○5丁目3番1号	妻
②	国税 一郎	コクゼイ イチロウ	東京都○○区○○5丁目3番1号	長男
③	税務 幸子	ゼイム サチコ	東京都△△区□□6丁目4番2号	長女
④				
⑤				

（注） 相続を放棄された人がいる場合には、その人も含めて記入してください。	相続人の数 Ⓐ	3 人

4 亡くなられた人や先代の名義の不動産がありましたら、土地、建物を区分して（面積は概算でも結構です。）記入してください。

	種 類	所 在 地	イ 面積（㎡）	ロ 路線価等 （注1、2）	ハ 倍率 （注2）	ニ 評価額の概算 （注3）
①	土地	東京都○○区○○5丁目3番1号	150	350.000		5.250 万円
②	土地	△△県△△市△△町161番地	300	12.000.000	1.1	1.320 万円
③	家屋	東京都○○区○○5丁目3番1号	80	18.300.000	1.0	1.830 万円
④						万円

（注）1 ロ欄は、土地について路線価が定められている地域は路線価を記入し、路線価が定められていない地域は固定資産税評価額を記入してください。また、建物は固定資産税評価額を記入してください。	合計額 Ⓑ	8.400 万円

2 土地に係るロ欄の路線価又はハ欄の倍率は、国税庁ホームページ【https://www.rosenka.nta.go.jp】で確認することができます。なお、路線価図は千円単位で表示されています。また、建物に係るハ欄の倍率は1.0倍です。

3 ニ欄は、次により算出された金額を記入してください。
《ロ欄に路線価を記入した場合》ロの金額×イの面積（㎡）
《ロ欄に固定資産税評価額を記入した場合》ロの金額×ハの倍率（建物は1.0倍）

5 亡くなられた人の株式、公社債、投資信託等がありましたら記入してください（亡くなった日現在の状況について記入してください。）。

	銘 柄 等	数量（株.口）	金 額		銘 柄 等	数量（株.口）	金 額
①	○○商事㈱	100	200 万円	④			万円
②	○○建設㈱	20	400 万円	⑤			万円
③	10年利付国債第○回		100 万円		合計額 Ⓒ		700 万円

6 亡くなられた人の預貯金・現金について記入してください（亡くなった日現在の状況について記入してください。）。

	預入先（支店名を含む）	金 額		預入先（支店名を含む）	金 額
①	○○銀行○○支店	1.000 万円	④		万円
②	××銀行××支店	700 万円	（現金）		250 万円
③	△△信託銀行△△支店	350 万円		合計額 Ⓓ	2.300 万円
				ⒷからⒹの合計金額	11.400 万円

4.6

やま折り

7 相続人などが受け取られた生命（損害）保険金や死亡退職金について記入してください。

生命保険金等	保険会社等		金　額	死亡退職金	支払会社等		金　額
①	○○生命保険㈱	イ	**2,000** 万円	①		ハ	万円
②	××生命保険㈶	ロ	**1,000** 万円	②		ニ	万円

（注）　生命（損害）保険金や死亡退職金は一定額が非課税となりますので、次により計算します。※赤字のときはゼロ

生命保険金等：（イ＋ロの金額 <u>3,000</u> 万円） － （表面Ⓐの人数 <u>3</u> 人×500万円）＝ホ **1,500** 万円

死亡退職金：（ハ＋ニの金額 <u>　　</u> 万円） － （表面Ⓐの人数 <u>　　</u> 人×500万円）＝ヘ

ホ＋ヘの金額
Ⓔ **1,500** 万円

8 亡くなられた人の財産で、上記4から7以外の財産（家庭用財産、自動車、貸付金、書画・骨とうなど）について記入してください。

財産の種類	数量等	金　額	財産の種類	数量等	金　額
① 貸付金	○○商事㈱	**500** 万円	③		万円
② 金地金	**500** g	**300** 万円	合計額	Ⓕ	**800** 万円

9 亡くなられた人から相続時精算課税を適用した財産の贈与を受けた人がいる場合、その財産について記入してください。

贈与を受けた人の氏名	財産の種類	金　額	贈与を受けた人の氏名	財産の種類	金　額
① 国税　一郎	現金	**1,000** 万円	③		万円
②		万円	合計額	Ⓖ	**1,000** 万円

10 亡くなられた人から亡くなる前3年以内に、上記9以外の財産の贈与を受けた人がいる場合、その財産について記入してください。

贈与を受けた人の氏名	財産の種類	金　額	贈与を受けた人の氏名	財産の種類	金　額
① 税務　幸子	現金	**100** 万円	③		万円
②		万円	合計額	Ⓗ	**100** 万円

11 亡くなられた人から「教育資金」又は「結婚・子育て資金」の一括贈与の非課税の適用を受けた人がいる場合、管理残額を記入してください。

贈与を受けた人の氏名	資金の種類	管理残額	贈与を受けた人の氏名	資金の種類	管理残額
① 税務　幸子	教育資金	**200** 万円	③		万円
②		万円	合計額	Ⓘ	**200** 万円

12 亡くなられた人の借入金や未納となっている税金などの債務について記入してください。また、葬式費用について記入してください。

借入先など債権者の住所・所在と氏名・名称	金　額		金　額
① 令和3年度分固定資産税、住民税	**35** 万円	③ 葬式費用の概算	**265** 万円
② ○○銀行○○支店	**1,500** 万円	合計額 Ⓙ	**1,800** 万円

13 相続税の申告書の提出が必要かどうかについて検討します。（概算によるものですので、詳細については税務署にお尋ねください。）

Ⓟの金額　《黒字である場合》相続税の申告が必要です。

《赤字である場合》相続税の申告は不要です。

※　あくまでも概算による結果ですので、Ⓝの金額と⒪の金額の差が小さい場合には、申告の要否について更に検討する必要があります。

※　国税庁ホームページ【https://www.nta.go.jp】には、相続税に関する具体的な計算方法や申告の手続などの詳しい情報を記載した「相続税の申告のしかた」を掲載しておりますのでご利用ください。

（表面Ⓑから）Ⓓの合計金額	Ⓚ **11,400** 万円
ⒺからⒼの合計金額	Ⓛ **3,300** 万円
（Ⓚ ＋ Ⓛ － Ⓙ）の金額 ※赤字のときはゼロ	Ⓜ **12,900** 万円
Ⓜ＋Ⓗ＋Ⓘ	Ⓝ **13,200** 万円
基礎控除額の計算 3,000万円 ＋（表面Ⓐ **3** 人×600万円）＝	Ⓞ **4,800** 万円
（Ⓝ － Ⓞ）の金額	Ⓟ **8,400** 万円

令和 ● 年 ● 月 ● 日

住　所　<u>東京都○○区○○5丁目3番1号</u>

氏　名　<u>国税　花子</u>

日中連絡可能な電話番号　<u>××-××××-××××</u>

作成税理士の氏名、事務所所在地、電話番号

東京都○○区○○1丁目3番5号

税理士法人○○会計　（電話）××-××××-××××

税理士　築地　三郎

（※）　相続税の申告が不要な場合には、この「相続税の申告要否検討表」を税務署に提出してください。

【注意】「相続税の申告要否検討表」は、相続税の申告書ではありません。

189

子連れの再婚は要注意！ 養子縁組はしていますか？

　離婚が増加し、子連れ再婚も増えている昨今ですが、子連れで再婚するときは、義父、義母が死亡した場合の相続関係を知っておかないと、大変なことになってしまいます。

　私の事務所に相談に来られた実例で、継母が死亡したケースをご紹介しましょう。

　「このたび、母が死亡しまして、財産といえば、私と母の２分の１ずつの共有名義になっている自宅ぐらいで、他にはめぼしい財産はないので、相続税はたぶんかからないと思います。ただ、死亡した母は、父の後妻なので私にとってはいわゆる継母にあたるのですが、亡父と継母との間には子供がいないので、私が継母の財産を相続するということでよろしいですよね」といって相談にみえた方がいました。

　そこで私が、「あなたと継母であるお母さんとは血縁関係にないので、継母であるお母さんとあなたとが**養子縁組をしていなければあなたに相続権はありません**よ」という話をすると、「継母は私が５歳の頃から父の後妻でしたし、父の相続のときも私と継母とで自宅を２分の１ずつ相続したので、継母が死亡すれば当然、私が継母の持分である２分の１を相続するものと思っていたのですが、ともかく養子縁組をしているかどうか調べてみます」ということになりました。

　結局、調べてみると養子縁組はされておらず、被相続人である継母の法定相続人は、継母の亡姉の子供である甥、姪の３人であり、相談者である継子には相続権はないことがわかりました。

　このケースは、**遺言書もなかった**ので、悔やんでもどうしようもなく、結局は甥・姪が相続して名義変更をした後で、その甥・姪から継母の持分２分の１を買い取るという結末になってしまいました。

9章

相続税の申告と納税の
上手なすすめ方

相続税の申告と納税は いつまでに行なうのか

相続税の申告・納税は10か月以内に行なう

　相続税の申告書の提出は、相続の開始があったことを知った日（一般的には相続発生日）の翌日から10か月以内に提出しなければならないことになっており、相続税の納税も申告書の提出期限までに行なわなければなりません。

　相続税の申告書の提出先は、被相続人（亡くなった人）の住所地を所管する税務署で、相続人の住所地の税務署とは関係ありません。

　また、相続税の申告は、通常は相続人全員が同じ申告書で連署して行なうことになっていますので、遺産争いの最中でなければ、各相続人ごとに申告書を提出するということはありません。

相続税がゼロでも申告書を提出することがある

　被相続人の遺産総額が基礎控除額以下であったため相続税がかからない場合は、相続税の申告をする必要がないので、申告期限の10か月を意識することもありません。

　しかし、「小規模宅地の減額特例」や「配偶者の税額軽減」を適用した結果、納める相続税がゼロとなる場合は、申告を行なわなければなりません。なぜなら、「小規模宅地の減額特例」や「配偶者の税額軽減」は、**相続税の申告書にその適用を受ける旨を記載して申告をしなければ適用できない**ことになっているからです。

　なお、税務署は相続税がかかりそうな人をあらかじめピックアップしています。相続税がかかりそうだと思われる場合は、相続人の代表者（死亡が記載された戸籍謄本に死亡の届け人として載っている人を代表者と考えているようです）に対して、申告期限の3、4か月ぐらい前に「**相続税の申告要否検討表**」（188〜189ページ参照）

が封入された「相続税の申告等についてのご案内」が送付されてきます。

この検討表で、相続税の申告が必要かどうかを自動的に判断させるようになっています。

相続税の申告期限に１日でも遅れたら加算税がかかる

相続税の申告は、被相続人の死亡した日の翌日から10か月以内となっていますが、提出期限までに申告しなかった場合はどうなるのでしょうか？　もし、申告期限を１日でも遅れて申告書を提出した場合には、本来の相続税のほかに**無申告加算税**として、本来の税額の５％（税務調査があった後に提出した場合は原則として20％）のペナルティがつきます。

申告書を提出しても納税しなければ延滞税がかかる

相続税の納付期限も、申告書の提出期限と同様、被相続人の死亡した日の翌日から10か月以内です。

たとえ申告書は提出しても、納税をしないで放っておくと、年利14.6％（納付期限の翌日から２か月以内の場合は年利7.3％）の利息を**延滞税**として支払わなければなりません。

なお、国内銀行の貸出約定平均金利（新規・短期）の前々年の10月〜前年９月における平均に１％を加算した割合（特例基準割合）が7.3％に満たない場合の延滞税の割合は以下のとおりとなります。

【令和４年１月１日〜４年12月31日の場合】
- ２か月以内の延滞税7.3％に代えて、2.4％
- ２か月を超える延滞税14.6％に代えて、8.7％

アッという間に過ぎてしまう10か月

相続税の申告期限が10か月と聞くと、「10か月もあるのなら、ゆっくりやれるな」と思う人も多いようですが、実はやるべきことがたくさんあって、アッという間に過ぎてしまいます。

ざっと数え上げただけでも、お通夜、葬式から始まって、四十九日、香典返しなどの葬儀関係の手続きが次々とやってきます。そして、すぐに直面するのが**被相続人名義の預金の封鎖**です。

　預金名義人が**死亡したことを金融機関が確認**すると、被相続人名義の預貯金は封鎖され、誰が相続するか決まるまでは原則としておろせません。預金が封鎖されると、公共料金の引き落としから、家賃収入の振込み、ローンの返済など、ただちに困ってしまいます。

　銀行によっては、預金の引出し以外の家賃などの入金や、公共料金、ローンの返済などの定期的な入出金だけは、引き続き被相続人の通帳で行なってくれるところもあるので、それをまず確認しなければなりません。

　預金口座が完全に封鎖されるようであれば、とりあえず定期的な入出金に困らないよう、遺産分割が決定するまでは配偶者などの相続人代表者が**管理通帳**をつくり、そこへ移管するようにする必要がありますし、家賃収入などもとりあえずその管理通帳に振り込まれるよう手続きをしなければ、使えるお金がなくなってしまいます。

被相続人の準確定申告なども必要に

　通常、所得税の確定申告は、その年の1月1日から12月31日までの所得について翌年3月15日までに申告・納税するわけですが、死亡した場合は**準確定申告**といって、その死亡した年の1月1日から死亡日までの所得について**死亡から4か月以内**に申告・納税しなければなりません（所得税が発生しない場合は申告不要ですし、還付申告となる場合は5年間有効なのでゆっくり行なえます）。

　一方で、被相続人の財産は借金のほうが多いとわかっていれば、3か月以内に**相続放棄**の手続きが必要になるでしょうし、財産と借金とどちらが多いかよくわからないような場合は、3か月以内に相続人全員で**限定承認**の手続きをしなければ、たとえ借金のほうが多かったとわかっても後の祭りとなってしまいます。

　遺言書があれば、通常は遺言書に従った遺産分割を行なっていき

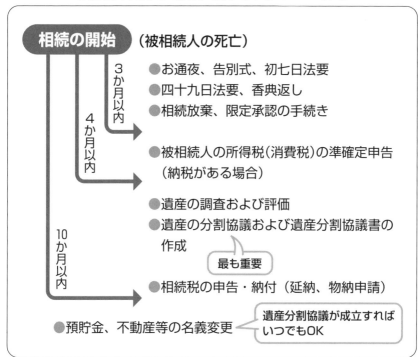

◎相続の主な手続きに関するスケジュール◎

相続の開始（被相続人の死亡）

3か月以内
●お通夜、告別式、初七日法要
●四十九日法要、香典返し
●相続放棄、限定承認の手続き

4か月以内
●被相続人の所得税（消費税）の準確定申告
（納税がある場合）

10か月以内
●遺産の調査および評価
●遺産の分割協議および遺産分割協議書の作成

最も重要

●相続税の申告・納付（延納、物納申請）

●預貯金、不動産等の名義変更 ← 遺産分割協議が成立すればいつでもOK

ますが、遺言書がなければ遺産をどのように分けるか話し合って遺産分割協議書を作成することになります。

　遺産分割について話し合うためには、すべての遺産の洗い出しをして、その財産の評価額を計算したうえで、誰がどう相続するのか、相続税はそれぞれいくらぐらいになるのか、そして、相続税はどうやって支払うのかなどを決めていかなければなりません。

　遺産分割協議が成立したら、その遺産分割協議書に従って、不動産や金融資産などの名義変更や解約手続きを行なうことになりますが、これらの手続きは相続税の申告期限の10か月が過ぎた後であっても、遺産分割協議さえ成立していれば相続税には影響ありません。

9-2

相続税の申告の際に
必要な書類のそろえ方

相続税の申告はまず資料集めから始める

　相続税の申告は、被相続人の財産・債務をすべて洗い出し、それを相続税法の規定に従って適正に評価していかなければなりませんが、そのために用意すべき書類等がたくさんあります。

　私の事務所で相続税の申告を行なう際には、まず、相続人代表者に198～202ページのような「**必要書類確認リスト**」を渡して、どのような資料が必要になるかを説明するとともに、当事務所で集めるものと相続人に用意してもらうものを区分けすることから始めます。

　この確認リストを見ていると、それだけで頭が痛くなってきますが、もちろんこのリストのすべてが必要なわけではありません。

　被相続人が会社の経営者でなければNo.15は関係ありませんし、証券会社と取引がなければNo.13は関係ないといった具合に、それぞれの相続ごとに必要書類は異なります。また、このリストに載っていない書類を確認しなければならない場合もあります。

　通帳や葬式費用の領収書などは、相続人がそろえるしかありませんが、**出生までさかのぼった改製原戸籍や預貯金・有価証券の残高証明書、不動産関係の各種書類など、市区町村役場や金融機関、保険会社などから取り寄せる必要があるものは、初めて相続手続きを行なう相続人が取り寄せようとすると、どうしていいかわからない**場合が一般的なので、当事務所が代理人として取り寄せることで、相続人のストレスを少しでも軽減するようにしています。

　また、無事に遺産分割協議が成立しても、その後に預貯金や有価証券などの解約や名義変更手続きを行なう必要があります。これらの手続きも、ほとんどの相続人にとっては初めての経験なので、大きなストレスとなります。

そのため、当事務所で相続税の申告を行なう際には、遺産分割協議書の作成とともに、銀行や証券会社などの預貯金等の解約や名義変更に必要な書類も合わせて整えるようにしています。

本来は、遺産分割協議書があれば、金融資産の解約や名義変更手続きは可能なのですが、金融機関によっては、後々のトラブルを警戒して、その金融機関独自の名義変更に関する書類を提出しなければ、解約や名義変更に応じてくれない場合があります。

そこで当事務所では、残高証明書を取りに行く際には、その金融機関独自の解約・名義変更に必要な書類をもらっておいて、遺産分割協議がまとまって遺産分割協議書を作成するときに、一緒に各金融機関の名義変更に関する書類も作成するようにしています。

相続のケースによっては、遺産分割協議書には署名、押印したのに、その後、兄弟仲が悪くなり、あとで銀行の書類に署名、押印を求めても「遺産分割協議は終わったのだから、いまさらそんな銀行の書類には印鑑は押せない」と拒否されることもあるからです。

なお、相続人からの要望があれば、**当事務所で代行して預貯金等の解約を行ない、それぞれの相続人の口座へ振り込む**といったことも行なっています。

家族名義の金融資産の確認も必要

相続税の申告は、亡くなった人の財産についての申告ですから、たいがいの人は故人名義の財産の資料だけを収集すればよいと思っているようですが、そうではありません。

次ページ以下の必要書類確認リストにもあるように、配偶者や同居親族などの親族名義の金融資産なども調べる必要があります。

たとえ、預貯金や有価証券などが子供や孫などの名義になっていても、実質的な所有者は亡くなった人であると考えられるものは、名義預金等として故人の財産として申告しなければ、税務調査で徹底的に追及されるハメになってしまいます（税務調査については、11章で詳しく説明します）。

◎相続があったときの「必要書類確認リスト」◎

【相続税申告の際の必要書類と確認事項】

年　　月　　日死亡

被相続人：氏名　　　　　　相続人　：　　　　　人

No.	内　　容	税理士	相続人	詳　　細
1	申告時添付書類 下書きの記入（わかる範囲で）			「亡くなった人の略歴等」 「相続関係図」
2	被相続人の死亡日の記載された戸籍（除籍）謄本 ・　　　（筆頭者　　　　）			□税務署　□法務局　□預貯金 計＿＿＿通
	被相続人の改製原戸籍および除籍の謄本（出生まで）			□税務署　□法務局　□預貯金 計＿＿＿セット
	被相続人の住民票の除票			□法務局　□分筆用　（　　　通）
3	相続人の戸籍謄本			□税務署　□法務局　□預貯金 名×（各　　　通）
	相続人の住民票および戸籍の附票　（　　　　様）			□税務署　□法務局　□分筆用 名×（各　　　通）
4	各相続人の印鑑証明書 ・預貯金「残高証明書」取寄せ ・相続税申告 ・不動産相続変更登記 ・預貯金相続手続（手続日**3か月以内**発行のもの）			□金融機関の数 　　　相続人代表のみ（　通） □税務署用（　通）⎫代表を含む □法務局用（　通）⎬相続人 □金融機関の数　⎭（各　通） 　　　（　通）代表(計　通)
5	相続人のマイナンバー関係書類 **コピー**（　　名分） マイナンバーカード以外は2種類の書類コピー（表面と裏面のコピーが必要な場合があります）			□マイナンバーカードの表面と裏面 □通知カードまたは個人番号記載の住民票抄本 □身元確認書類（運転免許証または健康保険証）
6	相続人に障害者がいる場合			□障害者手帳のコピー

198

No.	内　　容	税理士	相続人	詳　　細
7	被相続人が介護施設等に入居していた場合			□被相続人の戸籍の附票 □介護保険の被保険者証のコピー等、要介護認定を受けていたことを明らかにする書類 □介護施設等の入居時の契約書コピー □介護施設等の退去時の精算金がわかる資料
8	遺言書がある場合			□遺言書
9	遺産分割協議が成立している場合			□遺産分割協議書
10	不動産に関する書類 　土地建物を所有している場合 　（共有を含みます）			□死亡年分の固定資産税課税明細書（または評価証明書、名寄帳） □実測図 □建築確認申請書 □土地建物登記簿謄本 □公図 □住宅地図
	借地がある場合			□賃貸借契約書のコピー（原本の場合はコピー後返却）
	貸地、賃貸建物がある場合 ＊居住者専用の駐車場はありますか？（有・無）			□賃貸借契約書のコピー（原本の場合はコピー後返却）
	都市計画や区画整理の予定がある場合			□通知書等
	東京電力等より線下補償料の受取りがある場合			□前回の通知書（3年に1回程度）
11	預貯金 ・過去5年程度の通帳のコピーをします（必要な場合はもっと古いものもお願いします）	通帳	通帳	（金融機関名）　　　　（残高証明） □　　　　　　　　□ □　　　　　　　　□ □　　　　　　　　□
	・預貯金がある金融機関の残高証明を取り寄せます ＊死亡日現在の残高証明書	残証	残証	□　　　　　　　　□ □　　　　　　　　□ □　　　　　　　　□

No.	内　　容	税理士	相続人	詳　　細
11	＊定期性の預金については、死亡日現在に解約した場合の既経過利息を記入してもらってください。			
	定期預金証書がある場合			□証書のコピー
	死亡直前に葬式代等のために解約した預貯金がある場合 ＊葬式代を立て替えている人はいますか？			□その金額
12	配偶者、親族の預貯金（名義預金がある場合） ・過去10年程度の通帳のコピーをします	通帳	通帳	様　□ □ □ □
	＊定期預金証書がある場合は証書のコピー ＊預貯金の残高証明書（被相続人死亡日現在）（死亡後に解約した場合は利息計算書も）	残証	残証	□ □
13	上場株式、証券投資信託、公社債、外国証券などの預金以外の金融財産 ＊相続手続きは名義変更（移管）のみとなります。 相続する人が同じ証券会社に口座を持っていない場合は口座開設が必要です。			（証券会社名） □ □ □
	証券会社（または信託銀行等）に保護預かりしている場合			□証券会社の残高証明書 （死亡日現在）
	証券投資信託、公社債、外国証券などがある場合			□相続税評価計算書（死亡日現在）
	株券を自宅保管している場合			□株券のコピー
	端株がある場合			□配当金通知書、議決権行使書 （株数確認のため）

200

No.	内　容	税理士	相続人	詳　細
14	配偶者、親族の有価証券（名義株がある場合）			様　□ □ □
15	自社株式（未上場株式）の所有（被相続人が会社経営者の場合）			□過去3期分の決算書 　（会社名：　　　　　　　　　　）
	会社所有の不動産がある場合			□死亡年分の固定資産税課税明細書 　（または評価証明書、名寄帳） □前述のNo.10と同じ
	死亡退職金がある場合			□議事録等
16	生命保険・かんぽ生命 　被保険者＝被相続人の死亡保険金			□保険金支払明細書
	被保険者＝被相続人以外（契約者が被相続人） ＊生命保険は被保険者が被相続人でなければ死亡保険金は支払われません。ただし、被相続人が契約者である生命保険は、その権利が相続の対象となりますので、解約したと仮定した場合の解約返戻金相当額が相続財産額となります。			□保険証券 □生命保険に関する権利の評価額の計算書 　（生命保険会社の場合） □簡易生命保険権利評価額証明書 　（郵便局かんぽ生命の場合）
17	損害保険金のうち満期返戻金のあるもの、一括払い 火災保険などで満期金のあるものや契約時一括払いの場合は、解約したと仮定した場合の解約返戻金相当額が相続財産額となります。			□保険証券 □死亡日現在の解約返戻金相当額の計算書 　（保険会社発行）
	JAの建物更生共済の場合			□死亡日現在の共済掛金払込証明書（JA発行）
18	ゴルフ会員権、リゾート倶楽部などの会員権、貸付金など			□証書、その他明細のわかるもの

No.	内　　容	税理士	相続人	詳　　細
19	その他相続人名義の財産			□自動車 □貴金属 □書画骨董 □盆栽
20	借入金・未払金			□相続開始後に支払った医療費の領収書 □固定資産税の納税通知書 （　　　年分） □住民税等の納税通知書 （　　　年分） □金融機関の借入は「死亡日現在の残高証明書」 □借入金の使途の明細
21	葬式費用 ＊香典は受け取っても相続財産にはなりません。 ＊香典返し、四十九日などの法会費用、仏壇・お墓などの購入代金は葬式費用としての控除になりません。			□葬式および葬式に付帯して生じた費用の領収書 □お経、戒名代、手伝い御礼など領収書のないものは明細を「領収書のない葬式費用」に記入
22	被相続人が確定申告している場合			□過去年分の確定申告書 （　　　年分）
23	死亡日前3年以内に相続人に対して贈与があった場合			□贈与年月日 □贈与税の申告書 □その他、贈与金額を明らかにするもの
	相続時精算課税を選択した相続人がいる場合			□相続時精算課税による贈与税の申告書 □相続人の戸籍の附票
24	過去に不動産の売却がある場合			□売却代金と収入金額の使途 □売却年度の確定申告書
25	過去に退職金を受け取っている場合			□その金額と使途
26	被相続人が相続税の申告をしている場合			□前回の相続税の申告書

遺言書がなく遺産分割協議がまとまらないときの申告は？

未分割として法定相続分で申告することになる

相続税の申告期限は、死亡日の翌日から10か月以内です。では、申告期限までに遺産分割の協議がまとまらなければ、申告をしなくてもいいのかというと、当然そんなことはありません。遺産分割の協議がまとまらなかった場合は、**未分割による申告**といって、**とりあえず法定相続人が法定相続分どおりに相続をしたものとして申告**を行なうことになります。

各相続人の納付する相続税は、2章で説明したように、相続税の総額に対して自分の相続割合を乗じて算出することになっていますが、未分割で申告する場合は、遺産をどう分けるか決まっていないため、「**遺産はまだ自分のものになっていないのに、相続税だけは法定相続分で計算して納めなければならない**」ということになるのです。

なお、未分割による申告を行なった後で、遺産分割がまとまった場合は、そのまとまった内容で**改めて申告**を行ないます。

未分割で申告をしている場合は、各相続人は法定相続分どおりに相続税を納めているわけですから、最終的に決まった遺産分割の結果により、相続税を納めすぎていた人は還付してもらい、納税が少なすぎた人は改めて不足分を納税するといった調整を行なうことになります。

申告期限までに遺産が未分割だとこんなに不利になる

遺言書がなく申告期限までに遺産分割の協議がまとまらなければ、未分割で申告をしなければなりませんが、未分割で申告期限を迎えると次のような不利な点が出てきます。

①配偶者の税額軽減が適用されない

　２章でも説明したように、配偶者は法定相続分または１億6,000万円のうち、いずれか大きい金額までは相続しても、「配偶者の税額軽減」の規定により、相続税はかかりませんが、これは遺産が分割されていることが条件になっています。

　したがって、遺産が未分割の場合は、「配偶者の税額軽減」は適用されないので、配偶者といえども法定相続分に見合う相続税を納めなければなりません。

　なお、申告期限から３年以内に遺産分割が整えば、改めて配偶者の税額軽減を適用して申告をし直すことができます（やむを得ない場合はさらに延長する規定があります）。

②小規模宅地の減額特例が適用されない

　４章でも説明したように、「小規模宅地の減額特例」はその適用を受ける宅地について、相続税の申告期限までに遺産分割が行なわれていることが要件となっています。

　したがって、遺産未分割のままで申告する場合は、「小規模宅地の減額特例」を適用しないで申告しなければなりません。

　なお、申告期限から３年以内に遺産分割が整えば、改めて小規模宅地の減額特例を適用して申告をし直すことができます（やむを得ない場合はさらに延長する規定があります）。

③相続税の取得費加算が利用できなくなる場合がある

　後述の209ページで説明しますが、たとえば、相続で取得した不動産を売却した場合は、「相続税の申告期限から３年以内」の売却であれば、相続税のうちの一定金額をその売却資産の取得費として控除できることになっています。

　しかし、遺産分割が整わないで申告期限から３年が過ぎてしまうと、３年経過後に売却しても、この特例は適用できないことになっています。

④物納が原則としてできなくなる

9-4

現金納付ができなければ、 延納、物納の検討を

相続税の納税は現金納付が原則

　相続税は、金銭で即納することが原則とされています。相続税の納付期限も申告期限と同じ死亡日の翌日から10か月ですから、この期限までに納付しないと、延滞税（☞193ページ）がかかってしまうことになります。

　しかし、相続財産の相当部分を不動産が占め、預貯金等の金融資産はわずかである、という相続のケースが多く見受けられます。そこでこの場合には、以下の条件を満たしていれば、**最長20年の年賦延納**（分割払い）が認められています。

【延納が認められるための条件】

①金銭で納付することが困難である理由があること
②納付すべき相続税が10万円を超えること
③担保を提供すること（ただし、延納税額が50万円未満で、かつ延納期間が3年以下なら担保不要）
④納付期限までに延納申請書を提出すること

　なお、延納は分割払いですから当然、利息がかかります。この利息は**利子税**と呼ばれ、正式な手続きにもとづいて行なうものですから、単に納付が遅れた場合の高額な延滞税とは異なり、利率はごく常識的なものになっています。

　また、延納の場合の利子税は、相続した財産の内容によって利率や延納できる期間が細かく異なります。たとえば、相続した財産のほとんどが不動産といった場合は換金性に劣るので、最長延納可能期間や利率が有利になるようになっています。

さらに、延納の利子税（利率）は、原則と特例基準割合（193ページの延滞税で説明した国内銀行の「貸出約定平均金利＋１％（延納については令和４年１月以降は0.5％）」）連動との比較となっています。原則は、相続財産のなかに占める不動産等の割合を考慮してそれぞれの条件ごとに定まった利率があり、現在の低金利下では特例基準割合連動となっています。

「延納利子税割合（原則）×延納特例基準割合／7.3％」

（※0.1％未満の端数は切捨て）

　参考のために、延納特例基準割合が年0.9％の場合の利子税の割合をあげておくと、下表のとおりです。

区　分	相続税の利子税					（単位：％）
原則 （所定の割合）	1.2	3.6	4.2	4.8	5.4	6.0
特例基準割合連動 （特例の割合）	0.1	0.4	0.5	0.5	0.6	0.7

※たとえば、相続した財産がすべて不動産だったとした場合の最長延納期間は20年で、利子税の利率は0.4％（原則は3.6％）となります（令和４年１月１日の特例基準割合は0.9％）。

延納による納付が困難な場合は物納が認められる

　物納とは、現金で納税する代わりに、相続で取得した財産（不動産や株式等）によって納税を行なうものです。このときの価額は、その財産の「相続税申告を行なった際の相続税評価額」とされています。

　物納は、金銭で納付することが困難であり、延納によっても納税できない場合に初めて認められる例外中の例外ということになっています。

　また、どんな相続財産でも物納できるわけではなく、次の図に掲げる財産しか物納できません。そして、物納に充てる財産には優先順位がありますので、優先順位の高いものから物納することになります。

◎物納できる財産と優先順位◎

第1順位	国債・地方債、不動産、船舶
第2順位	社債、株式、証券投資信託または貸付信託の受益証券
第3順位	動産

　なお、物納が認められるためには、以下の条件を満たしていなければなりません。

①延納によっても納付が困難であること
②金銭で納付が困難な範囲内であること（お金があればまず納税に充て、足りない分が物納可能ということ）
③物納できる財産であること
④納付期限までに物納申請書を提出すること

　たとえば、不動産を物納するといった場合は、本当は受け取りたくない国に不動産を売却するのと同じことなので、国はさまざまなものの提出を求めてきます。
　単純に不動産を売却する場合に比べて、物納ははるかにハードルが高いので、税理士や土地家屋調査士などの専門家がチームを組んで取り組まなければ、なかなか収納されません。したがって、"物納はあくまで例外中の例外"と考えておく必要があるでしょう。

不動産を売却して納税をするときに気をつけること

不動産を売却すれば譲渡税が課税される

　相続税の納税のために、相続で取得した不動産を売却して利益が出た場合には、その利益に対して**譲渡税**（所得税および住民税）が課税されます。

　利益とは、売却代金からその不動産の購入代金（取得費）と仲介手数料等の売却するためにかかった経費（譲渡費用）を差し引いた残りのことです。

　なお、売却利益に対する譲渡税は、下表にあるように所有期間によって異なります。

	所有期間	税　率 （所得税＋住民税）
長期譲渡所得	譲渡のあった年の1月1日において所有期間が5年を超えている場合	20.315%
短期譲渡所得	譲渡のあった年の1月1日において所有期間が5年以下である場合	39.63%

（※）税率の端数は、復興特別所得税の分です。

相続、贈与によるものは取得日、取得価額を引き継ぐ

　相続や贈与で不動産を取得した場合は、前所有者の取得日、取得価額を引き継ぐことになっています。

　したがって、相続で取得した不動産を売却した場合は、相続発生日ではなく、**被相続人が取得した日**からその相続人が所有していたものとみなされるので、税率の高い短期譲渡所得になるといった心配は必要ありません。

　また、取得価額も被相続人の取得した価額を引き継ぐのですが、

先祖代々所有しているような土地は、いくらで取得したのかわかりません。このような場合は、**売却代金の５％を取得費として取り扱**うことになっています。

（注）　相続税の評価額が取得価額になると勘違いしている人がいますが、取得価額とは、被相続人が購入したときの購入価額であり、相続税評価額ではないので注意してください。

申告期限から３年以内の売却なら譲渡税が安くなる

　相続税の納税をするために相続した不動産を売却するというのは、よくあるケースですが、このようなケースにまで通常の譲渡税を課税するのは、あまりに酷であるといえます。

　そこで、相続した財産を相続税の**申告期限から３年以内**（相続税の申告期限までの売却を含む）に売却した場合には、その相続人の相続税のうち、次の算式によって計算した金額を売却財産の取得費に加算するという「**相続税の取得費加算の特例**」が設けられています。

$$
\text{資産を譲渡した者}\atop\text{の相続税額} \times \frac{\text{売却した資産の相続税評価額}}{\text{その者の相続税の課税価格}}
$$

売買契約書や領収書を紛失したらどうしたらいい？

　「父親が月ぎめ駐車場として利用していた土地を、昨年父親が死亡したため、私が相続して今年この土地を5,000万円で売却しました。父親はこの土地を昭和55年に購入しているのですが、たしか生前に父親はこの土地を4,000万円で購入したといっていたような気がします。でも、うろ覚えであり、父親が購入したときの売買契約書も領収書も見当たらなくて、購入金額を証明するものが何もありません。このような場合には、譲渡税はいくらになるのでしょうか？」

　相続で取得した土地の場合は、自分で購入したわけではないので、

このように売買契約書や領収書が見当たらず、亡くなった父親がいくらで購入していたのかはっきりわからない、という相談はよくあります。

では、このケースのように売買契約書も領収書も見当たらず、購入代金を証明するものがない場合はどうしたらいいのでしょうか？

不動産を売却して利益が出た場合は、売却した年の翌年2月16日から3月15日までの間に、所得税の確定申告をしなければなりませんが、税務署はこの確定申告をする際には、購入価額を証明するものとして購入当時の売買契約書や領収書の写しを提出をするように求めています。

証明するものがない場合には、前述の概算取得費（売却代金の5％。相談されたケースであれば、5,000万円×5％＝250万円）により、売却利益4,750万円（5,000万円−250万円＝4,750万円）として譲渡税を計算すれば税務署は何もいいません。

しかし、父親が4,000万円で購入していたとすれば、本来の売却利益は1,000万円（5,000万円−4,000万円＝1,000万円）ですから、売却利益4,750万円として申告すると、本来なら約200万円ですむ譲渡税は約950万円として申告することになり、約750万円も多く税金を納めることになってしまいます。

そこで、このようなケースの場合は、4,000万円で購入したことを客観的に証明できそうなあらゆるものを調査して、税務署に対する説明書を作成して申告を行なうという方法が考えられます。

税務署が認めてくれるかどうかはケースバイケースであり、認めてくれなければ修正申告を行なうこととなり、本来の税金のほかに過少申告加算税や延滞税といった罰金が本来の税金に対して10％〜20％程度加算されてしまうので、税理士に相談したうえでリスクを確認して確定申告を行なうことになるでしょう。

なお、不動産の購入代金を証明する売買契約書や領収書を紛失し

てしまった場合の証明手段としては、以下の方法が考えられます。

- 銀行等から借り入れて購入した場合は、銀行に稟議書等が残っていないかを調べるとともに、登記簿謄本の乙欄に記載されている抵当権の金額から証明する
- 不動産会社の分譲地を購入していた場合や不動産業者の仲介で購入した場合は、購入当時の不動産会社や仲介をした不動産業者に資料が残っていないかどうか確認する
- 購入当時の日記や手帳が残っていれば、購入のいきさつや購入価額が書かれていないかを調べる
- 国土交通省の発表している購入当時の近隣の地価公示をもとに購入地の当時の地価の理論的価額を計算してみる

など

上記にあげた方法によって、総合的に客観的な証明を積み重ねていくといったことが必要になります。

相続財産が自宅だけのときの
遺産分割のやり方と譲渡税額

「代償分割」ってなんだろう？

　たとえば、相続財産が下記事例のように自宅だけしかなく、相続人が子供3人といった場合は、どのように遺産分割を行なえばいいのでしょうか？

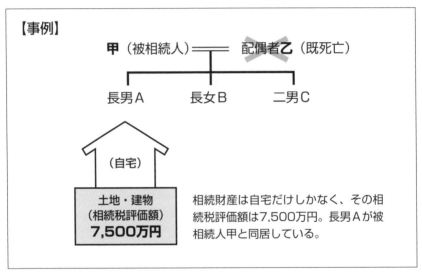

【事例】

甲（被相続人）＝＝＝配偶者乙（既死亡）

長男A　　　　長女B　　　　二男C

（自宅）

土地・建物
（相続税評価額）
7,500万円

相続財産は自宅だけしかなく、その相続税評価額は7,500万円。長男Aが被相続人甲と同居している。

　では、この事例にもとづいて、まず"争族"トラブルを回避する方法を考えましょう。

【長男Aからの相談】

　「私（A）は、現在もこの家に居住していますので、この家を3人で相続するようだと困ってしまいます。かといって、私1人が相続をして、他の2人が何も相続できなければ、到底納得しないと思います。どうすればいいのでしょうか？」

【検討事項と回答】

　このような相談はよくあるのですが、事例のようなケースでは、

代償分割による遺産相続が、一番いいでしょう。

　代償分割とは、長男Aが土地・建物を相続する代わりに、長女B
と二男Cに、それに見合う金銭を代償として渡す相続のしかたです。

　たとえば、事例のケースで、長男Aが土地建物7,500万円を相続
する代わりに、長女Bに1,500万円、二男Cにも1,500万円を支払う
ということで話がまとまれば、これが代償分割による相続というこ
とになります。

　代償分割の場合の各相続人の相続財産（課税価格）は下表のとお
りとなるので、結局、相続財産7,500万円をそれぞれで分けたとい
う結果になるわけです。

	相続財産	代償金	課税価格
長男A	7,500万円	△3,000万円	4,500万円
長女B	0	1,500万円	1,500万円
二男C	0	1,500万円	1,500万円
合　計	7,500万円	0	7,500万円

代償分割の活用で相続税と譲渡税はこんなに違う！

①相続税の違い

　前記の事例で、話し合いがつかなかった場合は、遺産が未分割と
なり、7,500万円に対して相続税が270万円課税されることになりま
す。しかし、同居相続人Aが自宅を相続すれば、小規模宅地の減額
特例（8割引き）により相続税はゼロとなります。

②譲渡税の違い

　前記の事例で、結局、自宅を売却してお金で分けることになった
場合、代償分割をうまく活用するのとしないのとでは、譲渡税が大
きく異なります。譲渡税がどのくらい違うか、計算してみましょう。

【自宅のデータ】

● 土地・建物の売却代金は7,500万円

● 長男Aが被相続人甲と同居しており、相続発生後も引き続き居住
　している

- この土地は甲が昭和30年に取得し、建物は昭和58年に建築したものであり、当時の取得価格は不明のため、取得費は売却代金の5%（375万円）とする
- 譲渡費用は売却代金の3%（225万円）とする

＜3分の1ずつ共有相続した場合の譲渡税＞

- 相続人の譲渡益

  7,500万円 −（375万円 ＋ 225万円）＝ 6,900万円

- 長男Aの譲渡税

  6,900万円 × 1/3 ＝ 2,300万円

  2,300万円 ＜ 3,000万円（居住用資産の3,000万円特別控除）

    ∴ 0円（譲渡税はゼロ）

- 長女Bおよび二男Cの譲渡税

  （計算の簡素化のため復興特別所得税は考慮しない。以下同じ）

  6,900万円 × 1/3 ＝ 2,300万円

  2,300万円 × 20％ ＝ 460万円

  460万円 × 2人分 ＝ **920万円**

＜長男Aが単独相続した場合の譲渡税＞

  7,500万円 −（375万円 ＋ 225万円）＝ 6,900万円

  6,900万円 − 3,000万円 ＝ 3,900万円

  3,900万円 × 14％（軽減税率）＝ **546万円**

　上記計算のとおり、兄弟3人が共有相続して売却した場合の譲渡税の合計額は920万円であるのに対して、長男Aが単独で相続して売却した場合の譲渡税は546万円となります。

　なお、遺産分割のしかたによっては「**換価分割**」とされて、長女と二男に対しても譲渡税が課税される場合があります。このような場合は、事前に税理士等の専門家に相談したほうがいいでしょう。

　ちなみに、換価分割とは、遺産の全部または一部を売却して、その代金を相続人に分配する形態による遺産分割をいいます。

10章

誰も住まなくなった
実家の売り時を考える

10-1

母が介護施設に入所したら 実家をどうする？

🏠 両親が亡くなった後の実家をどうするか考えよう

　このところ "空き家問題" が話題となっていますが、実家が空き家となっていくパターンの典型例は、以下のようなケースです。

---

①子供たちが独立して夫婦2人暮らしとなる
②父親が死亡し、同居している子供もいないため、母親が実家を相続して母親の1人暮らしとなる
③母親が年老いて1人での生活が難しくなり、介護施設などへ入居した結果、実家は空き家となる
④母親が死亡し、実家は誰も住まなくなったまま空き家として放置される

　だいたいこのような経過をたどって、空き家となっていくことが多いようです。

　子供のうちの誰かが親と同居している場合は、最終的に同居の子供が親の実家を相続して、そのまま住み続けるというパターンが多いのですが、同居する子供が誰もいなかった場合は、両親の死亡後は空き家として放置され、最終的には売却するという流れになっていきます。

　1人暮らしの母親が施設に入所した後で死亡し、実家が空き家となった場合の税金上の損得については、「母親の死亡時の相続税」の問題と、「実家を売却するときの譲渡税」の問題が考えられます。

　そこで、事例をもとに、相続における相続税の問題と、実家を売却するときのタイミングによる譲渡税の違いについて考えていきましょう。

小規模宅地の減額特例の適用の有無で相続税が違う

　次ページにあげた【事例1】のような家族構成である乙さんは、夫・甲さんの死亡後、東京の住みたいまち上位の常連である武蔵野市吉祥寺本町3丁目24番×××（下図の路線価図を参照）に住んでいます。

　敷地は150㎡（約45坪）で、その上に築33年の100㎡（約30坪）の建物があり、そこに1人暮らしをしていました。

　この乙さんが、介護施設（有料老人ホーム）に入所したのちに死亡した場合は、4章で説明したように（78〜82ページ）、**小規模宅地の減額特例**を適用できれば、7,500万円の土地の評価額が1,500万円になるので、長男Aが支払う相続税が920万円になるところ、この特例を適用すると相続税はゼロとなります。

◎乙さんが住んでいる家の路線価図◎

（※）路線価図は令和2年のものを使用しています。

武蔵野市吉祥寺本町3丁目24番×××

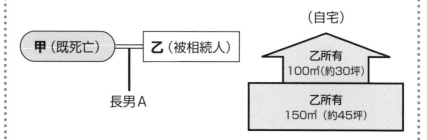

（自宅）
乙所有
100㎡（約30坪）
乙所有
150㎡（約45坪）

甲（既死亡）　乙（被相続人）

長男Ａ

相続人は長男Ａのみ。乙は死亡する２年前から有料老人ホームへ入所し、自宅は空き家となったまま長男Ａが管理している（死亡時は要介護３）。

<相続財産>
●自宅敷地…150㎡（約45坪）

　　　　　　１㎡あたりの相続税評価額　500千円

　　　　　　敷地全体の相続税評価額

　　　　　　　　　　　500千円×150㎡＝75,000千円

●自宅建物…築33年、延床面積100㎡（約30坪）

　　　　　　建物の相続税評価額　2,000千円

●預 貯 金…13,000千円

●相続税の対象遺産額

　　　　75,000千円＋2,000千円＋13,000千円＝90,000千円

　この場合、小規模宅地の減額特例が適用できるかどうかで、相続税の額は次のようになります。

<パターン１>長男Ａが持ち家に居住している場合の相続税…小規模宅地の減額特例の適用なし

（１）相続税の対象遺産額　　90,000千円…①

（２）小規模宅地の減額特例　0円…②

（3）①－②＝90,000千円

（課税遺産額）

　90,000千円－36,000千円（30,000千円＋6,000千円×1人）
$$=54,000千円$$

（Aが支払う相続税）

　54,000千円×30％－7,000千円＝9,200千円

＜パターン2＞長男Aが借家住まいの場合の相続税…小規模宅地の
　　　　　　　減額特例の適用あり

（1）相続税の対象遺産額　　　90,000千円…①

（2）小規模宅地の減額特例
$$500千円×150㎡×80％＝60,000千円…②$$

（3）①－②＝30,000千円＜36,000千円　∴相続税 0

🏠 実家を売却するタイミングでこんなに譲渡税が違う

　【事例1】の場合、長男Aが実家に住まなければ、最終的には売却するという結果になることが最も多いと思います。

　この場合に実家を売却するタイミングとしては、母乙が施設に入所して空き家となったときに売却するか、母乙が死亡した後で売却するか、のいずれかになるでしょう。

　そうすると、次ページにあげた【事例2】に示したとおり、母乙の生前に売却した場合は、母乙の自宅の売却として**居住用の売却の特例（3,000万円控除および軽減税率）**が適用されて、譲渡税は7,105千円ですむのに対して、母乙の死亡後に長男Aが相続してから売却する場合は、長男Aにとっては自宅ではありませんので、居住用の売却の特例を適用することはできず、譲渡税は16,252千円となってしまいます。

　なお、**居住用の売却の特例**は、住まなくなってから3年目の年末までに売却すれば適用が受けられるので、母乙が有料老人ホームへ転居してから3年目の年末までに売却すれば、**居住用の売却の特例**

が適用できます。

　ただし、たとえば母乙が認知症になって法的能力がないと判断されるような状態の場合には、売却することはできなくなるのでご注意ください（それでも売却しようとする場合は、母乙に成年後見人をつけて、家庭裁判所の許可を得る必要があります）。

（※）譲渡税の計算については、208〜214ページを参照してください。

【事例２】

　【事例１】の吉祥寺の実家を、母乙の生前に売却した場合と、母乙の死亡後に売却した場合の譲渡税（所得税＋住民税）を計算してみましょう。

　＜前提条件＞

　父甲は、昭和43年に10,000千円で土地を購入し、自宅を建築したが、その後、昭和63年に自宅を建て替えた後、平成10年に父甲が死亡して、母乙が土地建物を相続した。このたび建物が老朽化しているため、建物を取り壊して95,000千円で売却。売却の経費は5,000千円とする。

＜パターン１＞母乙の相続発生前に、施設に入所してから３年目の
　　　　　　　年末までに売却した場合の譲渡税

（１）売却代金　95,000千円…①

（２）購入代金　10,000千円…②

（３）譲渡費用（売却する際の経費）5,000千円…③

（４）譲渡益

　　　①−②−③−30,000千円（居住用の特例3,000万円控除）

　　　　　　　　　　　　　　　　　　　　　　＝50,000千円

（５）譲渡税　50,000千円×14.21%（居住用の特例の軽減税率）

　　　　　　　　　　　　　　　　　　　　　　＝7,105千円

＜パターン２＞母乙の相続発生後に長男Ａが売却した場合の譲渡税

（１）売却代金　　95,000千円…①

（２）購入代金　　10,000千円…②

（３）譲渡費用（売却する際の経費）5,000千円…③

（４）譲渡益　①－②－③＝80,000千円

（５）譲渡税　80,000千円×20.315％（一般長期譲渡の税率）

＝16,252千円

（注）計算を簡素化するため、相続税の取得費加算の特例（209ペー
ジ）は考慮していません。

🏠 実家が築古なら「相続空き家の特例」を検討しよう

　平成28年（2016年）の税制改正で、空き家対策として、一定の要
件に該当する**築古（昭和56年５月31日以前の建築）**の実家を相続
して売却した場合には、売却益から3,000万円を控除する「**相続空
き家の特例**」（詳細については次の10－２項を参照）が新設されま
した。

　この**相続空き家の3,000万円控除**が適用できる場合は、次ページ
にあげた【事例３】に示したとおり、長男Ａの譲渡税は10,157千円
となり、【事例２】の16,252千円に比べて、約600万円ほど譲渡税が
安くなります。

　相続空き家の3,000万円控除の特例は、共有で相続した場合には
それぞれの相続人ごとに3,000万円控除が適用できます。そのため、
【事例３】の場合、相続人は長男Ａ１人だけですが、たとえば子供
が３人いる場合は、３人が３分の１ずつ相続すれば、それぞれが
3,000万円控除を受けることができるので、【事例３】の場合の譲渡
税は０になります。

　なお、令和６年１月１日以降の相続空き家の譲渡から、相続人の
数が３人以上の場合は、相続人ごとの特別控除は3,000万円ではなく、
2,000万円になります。したがって、令和６年以降に売却する場合
は、３人の相続人が３分の１ずつ相続したとしても、それぞれ

2,000万円の控除となるので、上記の例の場合は3人の控除額の合計は9,000万円ではなく、6,000万円となります。

つまり、3人の相続人の譲渡税の合計は4,063千円（80,000千円－60,000千円＝20,000千円 → 20,000千円×20.315％＝4,063千円）となります。

したがって、相続空き家の特例による譲渡を検討している場合で上記の条件に適合する方は、令和5年中に売却することを検討したほうがいいでしょう。

また、**相続空き家の3,000万円控除の特例**は、売却代金が1億円以下でなければ適用できないことから、1億円を多少超えて売却できるとしても、1億円以下で売却したほうが手残りは多くなることがあるので、いくらで売却するかを検討する必要があります。

> **【事例3】**
> 【事例2】で、仮に建物の建築年月日が昭和56年5月31日以前であったとします。この場合、母乙の相続後に、長男Aが相続して建物の取り壊し後に95,000千円で売却した場合の譲渡税はいくらになるでしょうか。

＜長男Aの譲渡税＞
（1）売却代金　95,000千円…①
（2）購入代金　10,000千円…②
（3）譲渡費用（売却の経費）　5,000千円…③
（4）譲渡益
　　　　①－②－③－30,000千円（相続空き家の3,000万円控除の特例）＝50,000千円
（5）譲渡税　50,000千円×20.315％（一般長期譲渡の税率）
　　　　　　　　　　　　　　　　　　　　　　　　　＝10,157千円

10-2 「相続空き家の3,000万円控除」とは

🏠 「相続空き家の3,000万円控除」が創設された

　空き家問題を解決するための方策として、平成28年（2016年）の税制改正において、以下の要件に該当する空き家の譲渡については、居住用の3,000万円控除と同様に、譲渡益から3,000万円を控除する「相続空き家の特例」が創設されました

　なお、この特例を適用する場合は、「相続税の取得費加算の特例」（☞209ページ）との併用適用はできないこととされています。

🏠 相続空き家の3,000万円控除の適用要件等

　相続空き家の3,000万円控除が適用になるためには、以下の要件を満たす必要があります。

┌─【空き家の建築時期等】─────────────────────
│ 昭和56年5月31日以前に建築されたものであること
└───────────────────────────────────

　これより後に建築された新しい家屋の場合は、適用にはなりません。

┌─【売却時期】─────────────────────────────
│ 平成28年4月1日から令和9年（2027年）12月31日までの売却
│ で、相続開始日以後3年目の12月31日までの売却であること
└───────────────────────────────────

次の①または②のいずれかに該当すること

①被相続人の居住用家屋およびその敷地の売却であること

②被相続人の居住用家屋の取り壊し後の、その土地の売却であること

　なお、上記①、②とも相続時から売却時まで、事業、貸付けおよび居住用に供していないこと

　つまり、相続時点から空き家のまま（取り壊した場合は空き地のまま）でなければならず、**建物付きで売却する場合は、耐震リフォームが必要とされています。そのため実務上は、取り壊してからの売却が一般的となっています。**

　なお、建物を取り壊して売却する場合は、相続空き家の特例を適用する売り主が建物を取り壊して売却する必要があり、買い主が建物を取り壊す場合は適用できませんでしたが、令和6年1月1日以降の譲渡から、譲渡日から譲渡日の翌年2月15日までの間に買い主が取り壊す場合でも適用できるとともに、建物付きで売却する場合も同様に、買い主が譲渡日から翌年2月15日までの間に耐震基準に適合させた場合も適用できることになります。

┌─【家屋の使用使途と居住制限】─────────────────┐

相続開始直前まで、被相続人の1人住まいとして居住の用に供されていなければならない

　平成31年（2019年）3月31日までの譲渡では、相続前に老人ホーム等に転居している場合は適用できませんでしたが、平成31年の税制改正で、平成31年4月1日以降の空き家の譲渡から、相続開始前に老人ホーム等に転居している場合でも、**老人ホーム等への入居直前において、要介護認定等を受けており、かつ1人暮らしであった**場合には、次の要件に該当していれば、空き家特例が適用できるこ

とになっています。

●老人ホーム等に入所してからも維持管理がなされており、その家を貸付け等の用に供していないこと（親族等が移り住んでもダメで、完全に空き家として維持管理されていなければならない）

┌─【売却金額】────────────────────────────┐
│ 1億円以内であること   │
└──────────────────────────────────────┘

　共有で相続した場合は、持分ごとではなく、全体の売却代金が1億円以下か否かで判断されます。

　また、前項の【事例3】（☞222ページ）のケースで、相続人が長男Aだけでなく子供が3人いたとした場合で、その子供3人が3分の1ずつ相続して9,500万円で売却した場合は、全体の売却代金が1億円以下であるため、それぞれが相続空き家の3,000万円控除を適用することができます。したがって、子供3人とも譲渡税は0となるわけです。

　ただし221ページで説明したように、令和6年1月1日以降の譲渡から、相続人の数が3人以上の場合の特別控除額は1人3,000万円ではなく、2,000万円となります。

　以上のように、適用するにはなかなかハードルが高い特例です。なかでも、この特例の適用を受けるためには、その空き家の所在する市区町村から「被相続人居住用家屋等確認書」を発行してもらい、それを確定申告書に添付しなければならないこととされています。

　この書類の発行には、"家屋の取り壊し後の写真"の添付など、さまざまな書類が要求されているため、注意が必要です。

小規模宅地の減額特例が適用できないときは
配偶者居住権を考えてみよう

🏠 1次相続、2次相続をどのように考えるか

　夫Ａさんが死亡し、妻Ｂさんと長男Ｃさんが相続するという場合の1次相続と2次相続について考えてみましょう。

　自宅は夫婦2人住まいで、長男は自分の持ち家で別のところに居住しています。

　このような場合の相続（1次相続）は、夫死亡時は不動産も預貯金もすべて妻（母）が相続して、子供は何も相続せずに、母親死亡の2次相続のときに、子供が母親の財産を相続するといった遺産相続のケースが多く見受けられます。

　夫が死亡したときの法定相続分は、妻2分の1、子供2分の1ですが、母子の仲がものすごく険悪であるとか、後妻と先妻の子が相続人であるといった特殊な場合を除けば、夫が死亡した1次相続のときには、子供は母親の生活を第一に考えるというのが通常です。

　その結果、1次相続のときは、母親の今後の生活の不安をなくすために、自宅も預金もすべて母親が相続し、子供は2次相続のときに、母親から財産を相続するといったケースが多くなるのです。

　1次相続のときに配偶者がすべて相続すると、配偶者は自宅の敷地の相続について330㎡まで小規模宅地の減額特例が適用になり、敷地の評価は80％減額されます。また、配偶者は1億6,000万円まで相続しても非課税なので、配偶者がすべて相続するケースでは、ほとんどの場合で1次相続の相続税は0となりますが、**2次相続のときの相続税が高くなる**という問題がありました。

　そこで、「**配偶者居住権**」（詳しくは、次の10-4項を参照）をうまく利用すると、1次相続、2次相続という、ふた親の相続を合わせて考えると節税になるケースが多いということで、配偶者居住権

◎配偶者居住権を利用したときの１次相続、２次相続◎

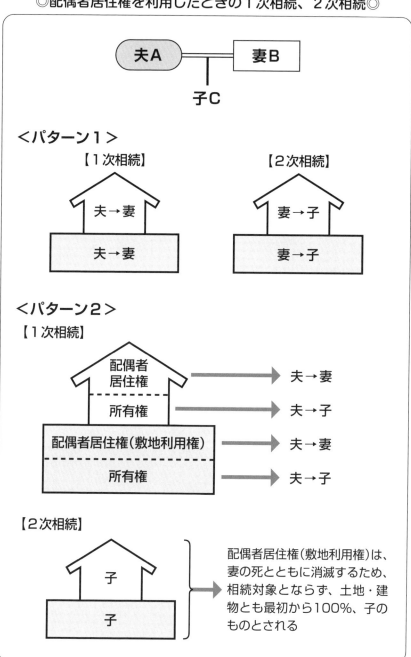

<パターン１>

【１次相続】

夫→妻

夫→妻

【２次相続】

妻→子

妻→子

<パターン２>

【１次相続】

配偶者
居住権　　　　➡　夫→妻

所有権　　　　➡　夫→子

配偶者居住権（敷地利用権）　➡　夫→妻

所有権　　　　➡　夫→子

【２次相続】

子

子

配偶者居住権（敷地利用権）は、妻の死とともに消滅するため、相続対象とならず、土地・建物とも最初から100％、子のものとされる

227

の本来の趣旨とは異なる利用のしかたが注目されています。

🏠 配偶者居住権の活用のしかた

前ページの図をご覧ください。

＜パターン１＞は、夫死亡時には妻が全部を相続し、妻死亡時に子供が相続するというケースです。

一方＜パターン２＞は、夫死亡時に妻は配偶者居住権と敷地利用権および預貯金を相続し、子供が土地・建物の所有権を相続します。そして、妻死亡時に妻の財産を子供が相続します（配偶者居住権は妻の死亡とともに消滅します）。

> 【設例】
>
> ＜前提条件＞
> ● 被相続人：夫Ａ　　● 相続人：妻Ｂと子供Ｃの２人
> ● 夫死亡時の妻の年齢：76歳（平均余命15年）
> ● 自宅居住状況：夫Ａと妻Ｂの２人暮らし。子Ｃは別の場所に居住（持ち家）
>
> ＜相続財産＞
> ● 自宅敷地：300㎡／１㎡当たりの相続税評価額500千円
>   敷地全体の相続税評価額：500千円×300㎡＝150,000千円
> ● 自宅建物：延床面積120㎡／築15年の木造住宅（残存耐用年数18年）
>   建物の相続税評価額：4,000千円
> ● 預貯金：26,000千円
>
> ＜相続税の対象遺産額＞
>   150,000千円＋4,000千円＋26,000千円＝180,000千円

では、＜パターン１＞と＜パターン２＞の相続税額について計算し、比較してみましょう。

＜パターン１＞

【１次相続】妻Ｂがすべての遺産を相続する場合の相続税

（１）相続税の対象遺産額　　180,000千円…①

（２）小規模宅地の減額特例

　　　　　150,000千円×80％＝120,000千円…②

（３）課税価格　①－②＝60,000千円

（４）妻の相続税額：妻の相続割合　100％

　　　　　妻の相続財産60,000千円＜160,000千円　∴相続税 0

【２次相続】妻Ｂの遺産は夫Ａから相続した財産と同じとする

（１）相続税の対象遺産額　　180,000千円…①

（２）小規模宅地の減額特例

　　　　　（母Ｂの１人暮らし、子Ｃは持ち家）→減額なし…②

（３）課税価格　①－②＝180,000千円

（４）相続税の総額（子Ｃの相続税）

　　　　　180,000千円－36,000千円（基礎控除30,000千円＋6,000

　　　　　千円×１人）＝144,000千円

　　　　　144,000千円×40％－17,000千円＝40,600千円

【１次相続、２次相続を合わせた合計相続税額】

　　　　　0＋40,600千円＝**40,600千円**

＜パターン２＞妻Ｂが配偶者居住権と預貯金を相続し、子Ｃが土地・

　　　　　　　建物の所有権を相続する場合

（相続財産）

（１）自宅敷地：300㎡／１㎡当たりの相続税評価額500千円

　　　　敷地全体の相続税評価額：500千円×300㎡＝150,000千円

　　　　所有権：150,000千円×0.642＝96,300千円

　　　　配偶者居住権設定による敷地利用権：

　　　　　　　　　150,000千円－96,300千円＝53,700千円

（※）妻76歳の場合の平均余命を15年として計算（余命年数に対する複利現価率0.642）

（2）自宅建物：延床面積120㎡／築15年の木造住宅（残存耐用年数18年）

建物の相続税評価額：4,000千円

所有権：4,000千円×（18年－15年）／18年×0.642≒430千円

建物に対する配偶者居住権：

4,000千円－430千円≒3,570千円

（3）預貯金：26,000千円

【1次相続】

（1）相続税の対象遺産額

96,300千円＋53,700千円＋430千円＋3,570千円

＋26,000千円＝180,000千円…①

妻Bの相続財産

53,700千円＋3,570千円＋26,000千円＝83,270千円

子Cの相続財産　96,300千円＋430千円＝96,730千円

（2）小規模宅地の減額特例（適用対象者：妻B）

敷地利用権部分　53,700千円×80％≒42,900千円…②

（3）課税価格　①－②＝137,100千円

妻B　40,370千円（相続割合29％）

子C　96,730千円（相続割合71％）

（4）相続税の総額

137,100千円－42,000千円（基礎控除30,000千円＋6,000千円×2人）＝95,100千円

95,100千円×1／2＝47,550千円

（47,550千円×20％－2,000千円）×2人＝15,020千円

（各人の相続税額）

妻B　42,900千円＜160,000千円　∴相続税 0

子C　15,020千円×71％（相続割合）＝10,664千円

【２次相続】
（１）相続税の対象金額
　　　　　配偶者居住権→死亡により消滅
　　　　　預貯金　26,000千円
（２）課税価格　26,000千円
（３）相続税
　　　　　26,000千円＜36,000千円（基礎控除30,000千円＋6,000千円
　　　　　×１）　∴相続税 0

【１次相続、２次相続を合わせた合計相続税額】
　　　　10,664千円＋0＝**10,664千円**

＜結　論＞
　１次相続、２次相続の合計相続税額を比較すると、＜パターン１＞
よりも、＜パターン２＞の配偶者居住権を配偶者が相続した場合の
ほうが、約29,900千円（40,600千円－10,664千円）も安くなります。
　ただし、配偶者居住権は売却できないので、配偶者の生存中は配
偶者居住権付きの土地・建物となってしまうため、売却は困難とな
ります。
　なお、この事例の場合、妻Ｂと子Ｃが合意すれば配偶者居住権を
解除できますが、その場合には、妻Ｂから子Ｃへ配偶者居住権の評
価額相当の贈与があったとして贈与税が課税されます。
　配偶者居住権の評価は、配偶者の余命によって評価額が大きく異
なります（配偶者が若ければ配偶者居住権は高額になり、配偶者が
高齢であればあるほど配偶者居住権は低額になります）。
　そこで、配偶者居住権の利用は、次のような条件がすべてそろっ
ているような場合に検討するといいでしょう
①実家が都心にあるため、土地の評価額が１億円を超えるなど高額
　になる
②子供が持ち家に居住しているため、小規模宅地の減額特例が適用

できない

③建物の建築年月日が昭和56年5月31日よりも新しいため、相続後の売却で相続空き家の3,000万円控除の特例が適用できない

④建物の建築年月日は昭和56年5月31日以前であるが、間違いなく1億円をかなり上回る金額での売却となるため、相続空き家の3,000万円控除の特例が適用できない

⑤父親死亡時の母親の年齢が75歳未満といった具合に比較的若いため、平均余命から計算して配偶者居住権の評価がある程度高額になる

「配偶者居住権」とは

🏠 新たに創設された「配偶者居住権」ってな〜に？

　民法の改正によって、令和2年（2020年）4月1日より「配偶者居住権」の制度が創設されました。

　配偶者居住権とは、たとえば自宅を所有していた夫が死亡した場合に、配偶者である妻が死ぬまでその家に住み続けられる権利を認めようというものです

　これはどういうことかというと、たとえば相続人が妻と子供の場合は、配偶者の法定相続分は2分の1で、残りの2分の1が子供の法定相続分となるので、夫の遺産が2,000万円の自宅と2,000万円の預金とした場合、法定相続分どおりに分けようとすると、妻と子が2,000万円ずつとなります。したがって、妻（母）が自宅を相続するとなると、預金はすべて子供が相続することになってしまいます。そうすると、妻（母）は相続するお金がなくなるので、老後の生活費が心配になってしまうわけです。

　このような場合を考えて、たとえ自宅を子供が相続することになっても、妻（母）が住み続けることを選択すれば、配偶者居住権を認めて、妻（母）が死亡するまでは無償でその家に住み続けることができる権利が創設されたのだと思えばいいでしょう。

　ただし、17ページでも説明したように、遺産をどのように分けるかは相続人の話し合いで自由に決められます。法定相続分は"話し合いがこじれた場合"の決まり事ですから、子供が法定相続分を主張して、母親を自宅から追い出すようなケースはめったにないと思います。

　配偶者居住権が問題になるのは、次ページの図のように相続人が後妻と先妻の子というようなケースと考えられます。

◎配偶者居住権の創設でどんなメリットがある？◎

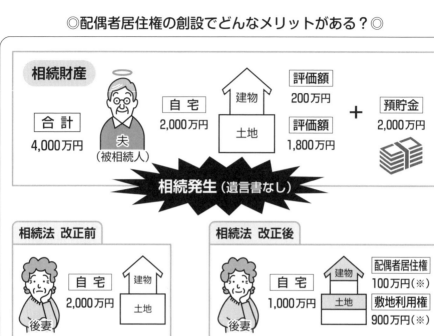

相続財産

夫（被相続人）

自宅 2,000万円

建物／土地

評価額 200万円
評価額 1,800万円

＋ 預貯金 2,000万円

合計 4,000万円

相続発生（遺言書なし）

相続法 改正前

後妻
$\frac{1}{2}$

自宅 2,000万円 建物／土地
預貯金 なし

先妻の子
$\frac{1}{2}$

自宅 なし
預貯金 2,000万円

改正

相続法 改正後

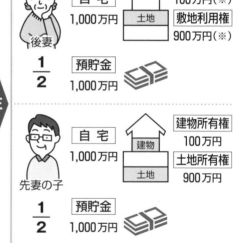

後妻
$\frac{1}{2}$

自宅 1,000万円 建物／土地
配偶者居住権 100万円（※）
敷地利用権 900万円（※）
預貯金 1,000万円

先妻の子
$\frac{1}{2}$

自宅 1,000万円 建物／土地
建物所有権 100万円
土地所有権 900万円
預貯金 1,000万円

（※）配偶者の年齢、建物の築年数により、建物の配偶者居住権と敷地の配偶者利用権の割合は変わります。

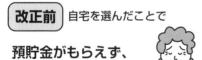

改正前 自宅を選んだことで

預貯金がもらえず、妻が生活に困ることに…

改正後 居住権を選んだことで

自宅に住みながら預貯金も得られた！

配偶者居住権はどのように評価するのか

　配偶者居住権とは、227ページの図にあるように、評価としては建物に対する配偶者居住権と敷地に対する配偶者敷地利用権に分かれます。父Aの死亡時に土地と建物の所有権は子Cが相続し、配偶者居住権（建物に対するもの）と配偶者敷地利用権（土地に対するもの）を母Bが相続するわけですが、イメージとしては借地権、それも期間の経過とともに価値が減少していく定期借地権のようなものと考えるとわかりやすいかもしれません（65～66ページ参照）。

　すなわち、父Aの死亡時に配偶者である母Bが配偶者居住権（以下、単に「配偶者居住権」という場合は、配偶者敷地利用権を含むものとする）を相続した場合の配偶者居住権の評価については、配偶者敷地利用権に対しては母Bの相続時の年齢による平均余命とそれに対する複利現価率によって計算されるものとされ、母Bが死亡したときには、**配偶者居住権は消滅**して土地・建物の完全所有権が子Cのものになるという考え方です。

　以下の算式は大変難しいので、母Bが76歳のときに父Aの相続が発生した場合に、平均余命年数15年で余命年数（残存年数）に対する複利現価率が0.642なので配偶者敷地利用権は土地の評価のおよそ36％、80歳であれば平均余命年数12年で余命年数に対する複利現価率が0.701なので土地の評価のおよそ30％、85歳であれば余命年数8年で余命年数に対する複利現価率が0.789なので土地の評価の21％ぐらいと大ざっぱに把握し、建物に対する配偶者居住権の評価はもともと建物の相続税評価額は土地に比べて相当低く、築古の場合は相続税に対する影響も少ないことからさほど考える必要はないだろうと思います。

【建物】

$$\text{配偶者居住権} = \text{建物の評価額}_{(※1)} - \text{建物の評価額} \times \frac{\text{残存耐用年数} - \text{存続年数（余命）}}{\text{残存耐用年数}}$$

　×存続年数（余命）に応じた法定利率（令和5年は年3％）による複利現価率

所有権＝建物の評価額－配偶者居住権の評価額

（※１）建物の評価額は固定資産税評価額

【土地】

$$\text{配偶者敷地利用権} = \text{敷地の評価額}_{(※2)} - \text{敷地の評価額} \times \text{存続年数（余命）に応じた複利現価率}$$

敷地の所有権＝敷地の評価額－配偶者敷地利用権の評価額

（※２）敷地の評価額は路線価（または倍率）により計算した相続税評価額

········· 参考資料 ·········

【建物（住宅用）の耐用年数】
非業務用の場合は耐用年数を1.5倍にして計算

構造・用途	耐用年数
木造・合成樹脂造のもの	22年
木骨モルタル造のもの	20年
鉄骨鉄筋コンクリート造・鉄筋コンクリート造のもの	47年
れんが造・石造・ブロック造のもの	38年
金属造のもの　骨格材の肉厚が4mmを超えるもの	34年
金属造のもの　骨格材の肉厚が3mmを超え、4mm以下のもの	27年
金属造のもの　骨格材の肉厚が3mm以下のもの	19年

（国税庁ホームページより抜粋）

【平均余命】

年齢（歳）	男性（年）	女性（年）
65	19	24
66	19	23
67	18	22
68	17	22
69	16	21
70	15	20
71	15	19
72	14	18
73	13	17
74	13	16
75	12	16
76	11	15
77	11	14
78	10	13
79	9	12
80	9	12
81	8	11
82	8	10
83	7	9
84	6	9
85	6	8
86	6	7
87	5	7
88	5	6
89	4	6
90	4	5

（厚生労働省「令和３年簡易生命表」より抜粋。年未満は切捨て）

【複利現価率】

年数	年3%の場合	年2%の場合
1	0.971	1.020
2	0.943	1.040
3	0.915	1.061
4	0.888	1.082
5	0.863	1.104
6	0.837	1.126
7	0.813	1.148
8	0.789	1.171
9	0.766	1.195
10	0.744	1.218
11	0.722	1.243
12	0.701	1.268
13	0.681	1.293
14	0.661	1.319
15	0.642	1.345
16	0.623	1.372
17	0.605	1.400
18	0.587	1.428
19	0.570	1.456
20	0.554	1.485
21	0.538	1.515
22	0.522	1.545
23	0.507	1.576
24	0.492	1.608
25	0.478	1.640
26	0.464	1.673
27	0.450	1.706
28	0.437	1.741
29	0.424	1.775
30	0.412	1.811
31	0.400	1.847
32	0.388	1.884
33	0.377	1.922
34	0.366	1.960
35	0.355	1.999
36	0.345	2.039
37	0.335	2.080
38	0.325	2.122
39	0.316	2.164
40	0.307	2.208

（国税庁ホームページ「複利表」より抜粋）

11章

相続税調査には
こうして対処しよう

11-1

忘れたころにやってくる
税務署の相続税調査

 ## 税務調査が行なわれる時期と時間帯は？

　相続税の税務調査は、相続税の申告を行なった人のうち、だいたい7〜8人に1人ぐらいに対して行なわれています（平成27年の税制改正前は3〜4人に1人でした）。

　相続税の税務調査は、相続税の申告書を提出した年の翌年の秋に行なわれる場合が最も多く、通常は相続税の申告を行なった税理士の事務所に連絡があり、日程調整を行なったうえで調査日が決められます。

　そして、一般的には調査日の午前10時に、税務署の調査官（たいていは2人）が被相続人の自宅に訪問して調査が始まります。

　税務調査は、だいたい**10時から**お昼の休憩をはさんで**16時頃**までのあいだ、税務署の調査官、相続人の代表者（一般的には被相続人の配偶者、同居相続人）、税理士の三者によって行なわれます。

被相続人の生い立ちや職歴、趣味などを聞いてくる

　税務調査では、まずは被相続人の生い立ちや職歴、住所の移動、親族関係などを聞いてきますが、これは**隠し財産の有無**を念頭において聞いています。

　つまり、預貯金などを隠す場合には、一般的に土地勘のある金融機関に預けますし、自分以外の名義で預金する場合も親族名義で行なうことが普通なので、そのへんを探るわけです。

　また、趣味などをさりげなく聞くことによって、たとえばゴルフが趣味なら、ゴルフ会員権があるのではないか、などと推測していきます。さらに、財産を次の代に移していないか、子や孫の住宅取得の状況についても、ピンポイントで聞かれると思ってください。

病歴や入院費用、看病の状況なども聞いてくる

　被相続人が病気で亡くなった場合は、どんな病気で死亡したのか、入院期間はどれぐらいだったのか、誰が看病をしていたのか、入院期間中のお金の管理は誰がしていたのか、入院費はどれぐらいかかったのか、などについていろいろと聞いてきますが、これもすべて狙いがあって聞いてくるのです。

　たとえば、突然死の場合と入院が長引いた末に死亡した場合とを比較したときに、癌などで長期入院の末に死亡していれば、**入院期間中に金融資産を移動してどこかに隠したのではないか**、と疑うわけです。

　また、看病をしていた人やお金の管理をしていた人が、被相続人に最も近しい関係者であるため、被相続人の金融資産がその人の名義に変わっているのではないか、といったことも調査官は考えます。

香典帳や手紙などを見たがる

　税務調査では、「香典帳を見せてほしい」といわれる場合があります。香典収入は相続税の対象ではありませんし、所得税も非課税ですから、香典をいくらもらっていようと税金とは関係ありません。では、なぜ見たがるかというと、"誰がお葬式にきているのか"といったことを中心にチェックするためです。

　つまり、銀行や証券会社などの担当者や上司がお葬式にきていれば、その金融機関と取引があるだろうと推定できるので、相続税の申告書に財産として計上されていない銀行や証券会社などがお葬式にきていれば、その金融機関に被相続人の財産があるのではないか、と考えるわけです。

　被相続人の手紙を見たがるのも同様の理由ですが、被相続人の日記や手帳などがあれば、税務署は喜んで見たがります。日記や手帳などには、**被相続人のお金の流れのヒントになることが記載されている**ことがあるからです。

午後の調査は現物確認のため

　午前中の税務調査はだいたい、被相続人の生い立ちや趣味、病歴、預貯金の管理者などの聞き取りを中心に進んでいきます。12時近くになると、調査官は「それでは食事に行ってきます。1時間後には戻ってきますので」といって食事にでかけます。

　このとき、相続人のほうで、「食事を用意します」あるいは「用意しているから食べてください」といっても調査官は通常、こちらの用意したものは決して食べません。公務員の倫理規定で禁止されているので、**無理に食事を強要しない**ほうがいいでしょう。

　調査官が昼食から戻ってくると、通帳、印鑑、権利証などの重要なものがどこに保管されているか、その現物を見せてほしい、といった要求をしてきます（被相続人だけでなく、同居相続人のものも「現物確認」を要求してきます）。

　相続人が引出しや金庫などがある場所に現物を取りに行くときには、調査官は必ず後ろからついていって、その場所を確認するとともに、その大事なものがしまってある周辺の確認を要求してきます。

　これは、大事なものがしまってある周辺には相続人が調査官に見せたくないもの（たとえば、親族名義の通帳や申告書に載せていない株式の現物など）が一緒にある場合が多いため、その確認をするわけです。

　さらには、家のなかを一通り案内させ、特に被相続人の寝室や書斎などの机や棚などにしまってあるものがどういったものかなどを聞いてきたり、中身を見せてほしいと言ってくる場合もあります。

　また、通常は**印鑑調べ**といって、その家にある印鑑を相続人から出してもらい、「誰の印鑑なのか」「何に使用している印鑑なのか」などの聞き取りをしたあと、はじめに朱肉をつけないで印鑑を押し、その後に朱肉をつけて印鑑を押すといった作業を行ないます。

　これは、よく使用している印鑑は朱肉をつけなくてもある程度印影がうつるため、どの印鑑がよく使われているかを確認して、印鑑

とその印鑑を使用した通帳の預金などの、真の所有者が誰なのかといったことを調べていくわけです。

　なお、大事なものが貸金庫にしまってある場合、あるいは大事なものをしまっていなくても貸金庫がある場合には、その家での調査を一通り終えた後で、貸金庫のある銀行に行って中身の確認を行ない、そこでその日の調査が終了になるというのが一般的な流れです。

　ただし、ここでいう調査の終了とは、被相続人宅へ訪問して行なう調査が終了したということであって、通常はその日に結論は出ません。

　調査官は、調査の最後ごろになって、「これは申告モレではないか」といった自分たちがつかんでいる情報について話し出します。そして、被相続人宅での実地調査で新たに判明した内容とあわせてどのように処理するか、あるいは調査官が疑問に思っていることを宿題に出していったりして、被相続人宅での調査から3週間から2か月ぐらいの間に、税理士との意見のすり合わせなどをしながら、最終決着が行なわれるということになります。

11-2 税務調査の最大のポイントは預金の名義を探ること

名義が変わっていても名義預金は被相続人の財産

相続税の税務調査で最も問題になるのは、**被相続人以外の名義の預貯金や株式は誰のもの**かということです。

つまり、生前に預貯金などの名義をどんどん妻や子供、孫などの名義に変えておくと、相続税の対象にはならないというのであれば、相続税は課税できないことになってしまいます。

きちんと贈与税の申告を行ない、本当にその名義となった人にその財産そのものをあげたのであれば、もちろん問題はありませんが、よくあるのは、"預貯金や株をいろいろな名義に分散しておけば、何かの役に立つだろう"といった考えで、親族名義に分散しているケースです。

このようなケースでは、本人に贈与したという意識がないため、名義だけを子供や孫などにしておき、その通帳や印鑑は本人が管理しており、自分のものとして使用していることが多いのです。このような預金がまさに**名義預金**であり、これは誰のものかといえば、名義人である子や孫のものではなく、**本人である被相続人のもの**ということになります。

通帳の名義が妻や子供、孫などになっていても、これが名義預金である以上、実質の所有者は被相続人ですから、相続税の申告書には被相続人の財産として計上しなければなりません。それを、"名義が変わっているから大丈夫だろう"といった考えで相続財産からはずしておくと、調査の際には徹底的に追及されることになります。

同居していない親族名義の預貯金があったら…

現物確認の過程で、嫁に行った娘名義の通帳や、遠くに住んでい

る二男一家の名義の定期預金証書などが出てくると、大変面倒なことになります。

　同居していない人の名義の財産が"被相続人宅"に存在していれば、これはまさに「**被相続人が管理していた財産であり、名義預金である**」として、被相続人の相続財産に含まれることになるからです。

　ところで、このような被相続人と同居していない人の名義の預貯金が"被相続人宅"にあっても、これらの預貯金が被相続人から贈与されたもので、きちんと贈与税の申告も行なわれていたような場合はどうなるのでしょうか？

　結論からいえば、やはり税務当局とのトラブルは免れません。なぜならば、贈与をしたのであれば、その預貯金は受贈者の管理下におかれるのが当然であり、それが贈与者の元にあれば受贈者にとっては、"贈与されたにもかかわらず、自分の自由にできないお金"ということになり、結局もらっていないことと同じという結果になります。

　税務当局から見れば、「相続税逃れのために、偽装の贈与税申告を行なっていた」ということになるわけです。

名義預金に時効はない？

　税務調査で、税務署員から名義預金であるとの指摘を受けたものに対して、「この定期預金1,000万円は、10年前に被相続人である父から贈与を受けたものです。もう贈与税の時効（通常は6年、悪質な場合は7年）が成立しているはずではないですか？」と反論する相続人がいますが、通常この反論は認められません。

　本当に贈与を受けたものであれば贈与税の時効は成立しますが、これが名義預金であれば、そもそも贈与が行なわれたわけではなく、単なる名義貸しであるので、永久に時効はないことになります。

11-3 不明な預金引出しは 徹底的に追及される

相続発生前に引き出した預金は現金計上を忘れずに

　たとえば、被相続人が癌などの病気で亡くなった場合、亡くなる前にある程度、預貯金をおろしておく人たちが少なくありません。

　これは、「死亡したら預貯金口座が封鎖されて葬式代にも困るので、早めにおろしておこう」とか「死亡してからの預貯金の解約手続きは大変らしいので、生きているうちにおろしておこう」などの理由で行なわれているようですが、亡くなる前に預貯金をおろしたり、配偶者などの名義で管理保管しておいて、いざというときに備えるといった行為自体は税務上、何の問題もありません。

　問題は、これら生前に引き出した預貯金は、「**死亡日に存在している財産である**」ということです。つまり、死亡日には被相続人の預貯金としては存在していませんが、自宅金庫に現金で保管されていたり、相続人名義の預貯金として管理されたりしているものなので、**手持ち現金**として相続財産に計上しなければならないのです。

　よくあるのは、「葬式代に充てるために死亡の３日前に預貯金を500万円おろしたけれど、葬式費用として全部使ってしまったから現金はない」と考えて、相続税の申告書に財産としての現金計上をせずに葬式代だけ債務として控除してしまうというケースです。

　つまり、この500万円は死亡日には自宅の金庫にあったわけですから、たとえばこれ以外の財産が２億円あるとすると、正味財産は、「２億円＋500万円（手持ち現金）－500万円（葬式代）＝２億円（課税価格）」となるべきところを、「２億円＋手持ち現金０－500万円（葬式代）＝１億9,500万円（課税価格）」としているわけです。

　しかし、死亡前に故人の口座から引き出していた手持ち現金を申告しないでおくと、仮装・隠蔽をしたとして税務調査で重加算税の

対象になる場合もあるので注意してください。

　また、「夫が癌にかかって余命2年と言われてしまった。毎月少しずつ預金をおろしておけば、税務署にはバレないに違いない」と考えて、毎月50万～100万円ずつおろして2年間で2,000万円をタンス預金にして、相続税の申告から除外するといった人もいます。

　これは、明らかな脱税であり、税務署は相続税の申告内容をチェックするために被相続人の過去の預金の動きを調べるので、このような除外をすればたいていバレてしまい、悪質な所得隠しとして重加算税の対象とされてしまうので、これも注意してください。

定期預金の解約や満期もチェック済み？

　調査官は、税務調査にくる前に相当な期間をかけて、被相続人の財産状況などを調べています。特に、預貯金や上場株式などの動きについては、銀行や証券会社に出向いて相続開始の数年前からの動きを調べています。大口の相続案件では、預金の出入りを10年ぐらい遡ってチェックされる場合もあります。

　したがって、たとえば、相続開始の3年前に1,000万円の定期預金が満期を迎えたり、あるいは解約になっていた場合には、その1,000万円の行方としては次のようなことが予想されます。

---

①同じ銀行で預貯金として継続をする

②他の銀行の預貯金に預け換えをする

③証券会社や信託銀行などで株や証券投資信託などの預貯金以
　外の金融資産に換える

④自動車や不動産などの資産の購入に充てる

⑤現金にして自宅金庫やタンスにしまっておく

⑥子供や孫などの名義に変えて預金を続ける

⑦子供や孫の車や不動産の購入資金として贈与する

⑧家族旅行などで消費する

⑨上記①から⑧までの複合形

だいたい以上のようなことが想定されますが、消費して使ってしまわない限りは、必ず何らかの財産になっているわけですから、調査官はそのひも付きを調べたうえで疑問点を洗い出して調査にきているのです。

　上記①から⑤にかけての内容であれば当然、相続財産として申告書に載ってくることになりますし、載っていなければ隠していることになって、後で追及されることになるわけです。

　⑥のケースは名義預金ですから、たとえ子供や孫名義であっても、相続財産として申告しなければなりません。申告していなければ、名義預金として追及されることになります。

　また、⑦のケースは贈与税の申告が行なわれていればいいのですが、無申告であれば当然、問題となります。

11-4

"奥さんの預金"は 亡くなった夫の財産と認定される!?

専業主婦の預貯金は要注意

たとえば、結婚後ずっと専業主婦である妻の名義の預貯金がある
とします。専業主婦なので自分の稼ぎはないわけですから、妻名義
の預金の形成過程としては、だいたい次のいずれかによります。

①妻自身の親等からの相続や贈与で取得した

②結婚前に働いていたときの預貯金

③夫からもらったもの

④生活費をためてヘソクリしたもの

　①や②の事実があればいいですが、そうでなければ夫からもらっ
たか、夫から預かった生活費をやりくりして貯めたということにな
ります。

　妻名義の預金額がそれなりにある場合、夫からもらったと主張す
るには、贈与税の申告をしていればともかく、そうでなければ調査
官は、夫のお金を妻が管理していただけであり、これは夫である被
相続人の預貯金だと主張してきます。

　また、ヘソクリで貯めたものだといっても、そもそも税務当局は
家事労働の対価を認めていないので、ヘソクリは夫のお金を妻が管
理していたものであり、夫である被相続人の財産であると主張しま
す。

ウソの回答をすると、あとでとんでもないことに！

　夫が被相続人で、その妻が相続人代表として調査に立ち会ってい
たとします。このような場合、調査官は立ち会っている妻に対して
だいたい次のようなことを聞いてきます。

　「生活費はいくらぐらいかかりますか？　その生活費はご主人か

らどのようにして渡されていたのですか？」「お金の管理はご主人がしていたのですか、奥さんですか？」「亡くなったご主人が利用していた銀行や証券会社はどんなところがありますか？」「奥さんが利用している銀行や証券会社はどんなところがありますか？」「奥さんはＡ銀行を利用していないんですか？」「奥さんの預貯金はだいたいいくらぐらいありますか？」…などなどです。

　調査官は、これらについて事前にある程度調べています。上記の質問のなかには、すでにわかっていることも多いのですが、あえて知らないフリをして聞くことによって、奥さんが矛盾する回答をすれば、その矛盾点を鋭く突っ込んでくるのです。

　例をあげてみましょう。

【夫の定期預金1,000万円が満期になった際に、妻が自分の名義でＡ銀行に定期預金として預け入れていたケース】

調査官「奥さん名義の預金はどこの銀行にいくらぐらいありますか？」

妻「郵便局に500万円ぐらいあるだけで、あとはありません」

調査官「へんだなー、Ａ銀行に奥さん名義で1,000万円の定期預金があるのですが、奥さんはご存知ないんですか？　それならこれは、ご主人の預金なんですね」

妻「ついうっかり言いそびれてしまいましたが、私がパートで働いて貯めたお金をまとめてＡ銀行に定期預金として預けたお金です」

調査官「そうですか…。ところで、奥さんがＡ銀行に1,000万円の定期預金を預け入れた日に、Ｂ銀行のご主人の定期預金1,000万円が満期になっているんですが、そのお金がどこにいったかわからないんですよねー。この1,000万円を奥さんが自分の名義でＡ銀行に預けたんではないのですか？　パートで貯めたお金を1,000万円まとめたのなら、もともと貯めていたお金はどこにあったのですか？」

妻「……」（黙って下を向いてしまう）

　こんなふうにして矛盾点があぶりだされていきます。そして、このような場合は、妻が"仮装・隠蔽"をした悪質なケースとして、重加算税の対象となるうえに、配偶者の特例も適用できなくなる場合があります。ウソをつくと、取り返しがつかないことになってしまうわけです。

誰が解約したか筆跡も調べている

　調査官は、前述したように、定期預金や株式などの満期や解約、売買などの動きを数年前にさかのぼってチェックしています。

　定期預金を解約する場合は、金融機関に対して解約の手続きをするわけですが、実は、金融機関はその解約者の筆跡や印影を伝票として10年間保存しています。したがって調査官は、金融機関などで調べる際に、伝票に残っている筆跡も確認しています。

　実際の預金の出し入れや解約を妻が行なっていたにもかかわらず、調査官が妻に対して、「定期預金の解約」や「通帳から数百万円単位で引き出されているもの」について説明を求めると、「夫の預金は夫が管理していたので私はわかりません」などと答える場合があります。

　しかし調査官は、下調べをして確認していますので、「金融機関の伝票の筆跡は奥さんのもののようですが、違いますか？」と追及されて、ウソがばれてしまうのです。

　このような形でウソがバレると、調査官は心証として、その他のことも"妻が話していることは、すべてウソではないか"と疑ってかかるようになるので、くれぐれも注意してください。

11-5

調査で狙われるお金

過去に不動産の売却がある
場合などは要注意！

５年前の不動産の売却代金はどこにいったの？

　税務調査官は、調査に出向く被相続人の家庭の収入状況や財産内容などを、おおざっぱに把握しています。したがって、年収がいくらぐらいあるかということは、**確定申告書等で把握**していますし、不動産の売却などによる臨時収入がある場合も、通常は確定申告を行なっているので、やはり把握しているわけです。

　たとえば、亡くなる５年前に２億円で不動産を売却していたとします。そうすると、その売却代金は借入れの残金があれば借入れの返済をし、譲渡費用や譲渡税を支払った残りが現金で残ることになります。この売却代金の残りが１億円だとすると、何か大きな消費でもしない限り、相続の発生時点においてはかなりのお金（預貯金）が残っているはず、ということになります。

　調査官は、売却代金の残りがいくらぐらいになるのか、だいたいの "めぼし" をつけています。ですから、「このときの売却代金の残りは１億円ぐらいあるはず。この代金で購入したと思われる財産は、相続税の申告書には載っていない。そうすると、生活費や消費で使ったとしても、7,000万〜8,000万円は預貯金として残っていると考えられるのに、相続税の申告書には預貯金が3,000万円しか計上されていない。計上モレの財産があると思われるから、税務調査を行なおう」といった展開になるわけです。

退職してまもない相続は要注意

　被相続人が、会社や役所でそれなりの地位を勤め上げたあとで、めでたく定年退職をし、その後、数年で相続が発生したというような場合も、過去に不動産の売却があった場合と同様、相続調査の対

象になりやすいケースです。このようなケースでは、定年退職時に相当な退職金をもらっているはずなので、当然にこの退職金が預金やその他の資産に姿を変えるか、もしくは借入金の返済などに充てられて相続を迎えているはずです。

　相続税の申告書には、退職金がもとになった預貯金などの財産の記載がない、事前調査でも借入金を返済した形跡もない…、それでは、退職金はどこにいったのだろうということになるわけです。

子供に貸したマイホーム資金がモレていない？

　子供がマイホームを購入するときに、親から借入れをしているケースがあります。親の相続が発生したときに、返済し終わっていればいいのですが、まだ返済の途中だったり、最初の１年間は返済したけれど、その後はまったく返済していないので、借入金がほとんど残っている、といったこともよくあるケースです。

　このような場合は、被相続人から子供へ貸していた「貸付金」として、相続財産に計上しなければなりません。

　こういうと、「そんなことは、申告しなければ税務署にはわからないのではないか」と反論する人がいますが、なかなか税務署はそんなに甘くはありません。子供がマイホームを購入したときは、たいがい税務署から「**お買いになった資産の買入価額など**についての**お尋ね**」という書類がきており、そのお尋ね文書に資金の調達方法を記載して税務署に提出します。つまり、親から借入れをしていた情報や残債などは、ここから類推されてしまうのです。

　また、お尋ね文書がきていなかったとしても、子供のマイホーム資金を親が貸し付ける際には、親の預貯金を解約したり、株を売却したりして資金をつくるのが通常なので、子供がマイホームを購入した時期と、親の預金が引き出されている時期を照らし合わせることによって、税務署は情報をつかんでいきます。

　なお、「お尋ね」は、東京都の場合は行なわれていませんが、地方の国税局によっては、細かく行なわれているところもあります。

11-6 こんなケースが調査の対象に なりやすい

遺産が３億円以上ある大口資産家のケース

　当たり前ですが、大口資産家ほど税務調査の対象になりやすいです。相続税は**累進税率**ですから、遺産額が多ければ多いほど税率も高くなります。たとえば、1,000万円の申告モレを指摘された場合、もともと税率10％が適用されていたケースだと追加税額は100万円であるのに対して、税率50％が適用されていたケースでは追加税額が500万円になります。当然、過少申告加算税や重加算税、延滞税といった附帯税も発生するわけですから、税率の高い大口資産家を調査したほうが、税務署としても効率がいいということになるわけです。

　なお、同じ大口資産家でも、財産が不動産中心のいわゆる古くからの地主の場合と、商売等で成功して金融資産が中心といったケースでは、金融資産中心の資産家のほうが税務調査の対象になりやすいようです。昔からの地主の場合は、遺産の中心が不動産ですから財産を隠す余地が少ないからです。

多額の借入れがあるケース

　相続税の計算では、借金はプラスの財産から控除できますから、借金が多くても相続税の調査とは関係ない気がしますが、税務署の狙いは、「その借金はなんのためにしたのか」というところにあります。ふつう、目的もなく借金をするということはありません。たとえば、アパートを建てるため、土地を購入するため、株を購入するため、ゴルフ会員権を購入するためなど、何らかの資産を購入するために借入れをするというのが一般的です。

　そうすると、借入れがあるということは、その借入金で購入した

なんらかの資産があるはずだと考えます。それなのに、借金だけが相続財産から控除されていて、その借金に見合う購入資産が申告書に載っていないとなれば、借金で購入した資産を隠しているのではないか、ということになって調査されるわけです。

　なかには、親族にお金を貸すために借金をしているといったこともあるでしょう。このような場合は、お金を貸した相手が自己破産しているなど貸倒れになっている場合を除き、貸したお金は「貸付金」として相続財産に計上しなければならないのです。

所有不動産に"元番"が多いようなケース

　土地の相続税評価額は、**実際の面積で算出**することになっています。つまり、土地の面積は登記簿に記載されているので、通常はその登記簿に記載されている面積が評価額算出のもとになるわけですが、**縄のび**といって、登記簿では500㎡となっているのに実際の面積は600㎡あるといったケースがあり、このような場合は登記簿の面積ではなく実際の面積で相続税評価額を求めなければならないのです。

　この縄のびがあるのは、昔から所有している"元番"の土地の場合です。土地を切り売りする場合、通常は分筆して売却するときにきちんと測量して正確な面積で売却するので、一般的には縄のびは発生しません。ところが、たとえば戦前から所有している元々の土地が1,000㎡あり（ただし、昔の測量はいい加減だったため、登記簿では900㎡となっている）、これを切り売りしていくようなケースでは、切り売りしていくうちに、元々の土地がどんどん小さくなって、登記簿と実際の面積の違いが見た目でもわかるようになっている、というようなことが起こります。これは、税務署が簡単に把握できるわけです。

　特に、マイホームやアパートなどの建物を建てる場合は、その建物を建てる敷地を実測して、その実測図面をもとに「**建築確認申請書**」を市区町村に提出することになっています。税務署は、この建

築確認申請書を確認することで、実際の面積を知ることができます。

　そこで、税務調査の際には、建築確認申請書を調べられて土地の実測面積がわかってしまい、評価額を訂正させられるといったことが起こるわけです。

相続時精算課税贈与の計上漏れは必ず税務調査の対象

　106ページで説明した相続時精算課税制度による贈与は、相続財産の前渡しであり、贈与を受けたときではなく、贈与をした父母（または祖父母）が死亡したときに、相続財産に加算して相続税として課税するという課税の繰延べ制度です。贈与を受けたときに、この制度を適用した旨の贈与税の申告書を提出することが要件となっているため、相続時精算課税制度を適用した場合は、税務署にその申告書が永久保存されています。

　贈与をした親が相続時精算課税制度による申告を子供に代わって仕切っていたため、子供にこの制度を適用していたという意識がなく、親が死亡したときの相続税の申告書に相続時精算課税制度により贈与を受けた財産を計上し忘れるというケースがよくあります。

　このような申告書が提出された場合は、税務署にとってみれば"しめた"もので、税務調査に行けば必ず計上漏れを指摘でき、過少申告加算税も課税できるということになります。相続時精算課税による贈与をした場合は、その贈与をした親（または祖父母）は必ずその事実を受贈者にしっかり伝えておくとともに、相続時精算課税による贈与税の申告書を保管しておくようにしてください。

海外に財産があるケース

　近年は、どこの国で課税するかという視点からの情報交換が進んでおり、国を隔てた送金について200万円以上はすべて把握されています。たとえば、ハワイの別荘などの費用に充てるためにプールされていた預金があり、それが相続財産から漏れていたことが指摘されたケースもあります。これも、税務署の着眼点の一つです。

弓家田良彦（ゆげた　よしひこ）

1960年生まれ。中央大学商学部卒業。1988年、弓家田税理士事務所を開設。現在、税理士法人弓家田・富山事務所代表社員。

多摩信用金庫、京王不動産などの顧問を務め、資産税に関するセミナー講師としても活躍。特に、「たましんすまいるプラザ」では毎月、相続セミナーを行なっている。近年においては、「週刊ダイヤモンド」「ダイヤモンドZAi」などの相続特集や贈与特集などで総合監修などを手がけている。

主な著書（共著を含む）に、『家族が死んだときの相続手続き』『小さな会社の中期経営計画　やさしくわかる徹底ガイド』（以上、アニモ出版）、『不動産を買うとき・売るときの税金でトクする法』『相続・贈与でトクする事典』『アパート・マンション経営の資金と税金でトクする法』『不動産の売買・譲渡・買換えの税金でトクする法』（以上、日本実業出版社）、『マイホームの税金がわかる本』『不動産譲渡・取得・賃貸・相続の税金対策』（以上、中央経済社）などがある。

【税理士法人弓家田・富山事務所】　https://www.yt-kaikei.com

そうぞく　ぞうよ　し　　　　　　　そん　　　まるとく
相続・贈与 知らないと損する�得ガイド【改訂4版】

2015年4月15日	初版発行
2018年6月5日	改訂2版発行
2021年5月15日	改訂3版発行
2023年5月15日	改訂4版発行

著　者　　弓家田良彦

発行者　　吉溪慎太郎

発行所　　株式会社アニモ出版

〒162-0832 東京都新宿区岩戸町12 レベッカビル
TEL 03(5206)8505　FAX 03(6265)0130
http://www.animo-pub.co.jp/

©Y.Yugeta 2023　ISBN978-4-89795-273-4
印刷・製本：壮光舎印刷　Printed in Japan